未来の学校のつくりかた

僕が5つの教育現場を訪ねて考えたこと

税所篤快

教育開発研究所

はじめに
――千人にひとりの落ちこぼれ、未来の学校づくりを考える

僕は教育を語るに落ちる人間です。

高校時代のテストの点数は赤点ばかり。つまらない授業のときは図書室に自主避難。授業への嫌悪感から、テスト用紙の裏面にびっしりと、いかに授業がつまらないかを先生に伝える、「嘆願状」と題する手紙を書き（表面のテストの点数は4点）、母は職員室にたびたび呼び出されて進級への危機的状況が伝えられました。奇跡的に入学した大学では落第点がずらりと並び、卒業するのに7年もかかりました。教授からは「千人にひとりの落ちこぼれ」と呼ばれました。

それでもなぜか教育、学校が持っている可能性に、常にワクワクしてしまう自分がいます。小学生のころから、話のおもしろい先生が大好きでした。高校生のころには、あまりにも話がおもしろすぎる米倉誠一郎先生に出会い、大学に進みたいと人生の舵を大きく切りました。魅力的な先生の話を聞くと、自分の心が火照るのを感じます。脳みそがグツグツと沸き立ち、未知の世界へ冒険したくてウズウズしてきます。僕にとって学校は、ときどきそんな先生とも出会える場所でもあったのです。彼らは僕にとって「希望を語る教師」でした。もしかしたら、つまらない授業に反抗し続けていたのも、学校や先生に対する〝大きな期待〟の裏返しだったのかもしれません。

いま、学校現場が岐路に立っていると、方々で聞きます。本書にも登場する杉並区教育委員会教育長の

井出さんから「このままでは日本の学校は、2030年までに滅びるかもしれない」と聞いて、僕は衝撃を受けました。当時の僕は20代半ばで、バングラデシュを拠点に教育を広めるNPO「e-Education」の経営から一歩退いた頃でした。NPO活動中は、アジア、中東、アフリカ、ヨーロッパと世界五大陸の教育現場を、おもしろい先生たちとの出会いを求めて飛び回っていましたが、井出さんの言葉を聞いて「日本の教育現場について何も知らない自分」に違和感を覚え始めました。

「バングラデシュの教育支援をしてくれるのはありがたいけど、自分の国の現場が気になるなら、君は一度帰国した方がいい」

現地の相棒にもそう勧められた僕は帰国して、自分の足で歩き、「日本の教育現場で何が起きているのか」について先達の話に耳を澄ませる旅に出ようと決意しました。

「日本の学校は、本当に、このままでは滅びてしまうくらい危機的状況なのか」

「これから日本では、どんな学校がよりよい未来をつくることができるのか」

そんな疑問を胸に帰国した僕は、ある友人の勧めで『みんなの学校』という映画を観ました。大阪にある公立の大空小学校に1年間密着したドキュメンタリー映画です。これが本当に目からうろこの連続でした。大空小学校で起きる児童と先生たちのドラマの数々にひやひやし、笑い、ドキドキし、クライマックスでは涙をこらえることができませんでした。そこには学校にかかわる誰もが「他人事ではなく、自分たちでつくる学校」があったのです。

「なんだ。日本にもすげえ学校あるじゃんよ」

僕の心に湧いてきたのは率直な感動と、「大空小の校長の木村泰子さんに話を聞いてみたい！」という思いでした。居ても立ってもいられず、すぐに木村さんの登壇するイベントに参加し、「カバン持ちにしてください！」と直談判をする――この本の旅は、そんな無鉄砲なシーンから始まりました。惜しくもカバン持ちは断られますが（笑）、木村さんの話をじっくりと聞かせてもらう機会を得て、僕の想像はふくらみました。もし日本各地に「みんなの学校」のような、未来の学校のあるべき姿が垣間見える教育現場があるとしたら、それをひとつずつ訪ねながら1冊の本に綴ったら、どんな物語になるのだろう……僕の胸はワクワクで高鳴りました。

本書は、大阪の大空小学校を皮切りに、日本中のしびれる教育現場を歩き回ったルポルタージュです。東京の杉並区では、文科省の若手官僚たちが「日本でトップクラスの教育長」と敬愛する井出さんを訪ね、〝周回遅れのトップランナー〟を自称する地域ぐるみの学校づくりの取り組みについてうかがい、その思想に圧倒されました。テクノロジーの最先端を走るN高等学校では、「ちょっと色物かも」と思っていた自分を猛省させる骨太な学校づくりが行われていました。長野県上田市のサムライ学園に足を運んだのは、その卒業式が「日本一涙が止まらない」と友人から聞いたからです。そこには最後まで生徒たちの味方でい続けることを覚悟した教職員が、七転八倒しながらも前のめりに生きていました。岩手県大槌町では、「津波にさらわれて生き残った教育長」がゼロからふるさとを立て直すために学校づくりをしていました。数え切れない悲しい出来事が起きた後の荒地に、希望の学び舎を復活させる挑戦です。

5つの教育現場を4年半間かけて取材し、心にとまったエピソードを一つひとつ、丁寧に文章にしてきました。どの教育現場にも、厳しい現実に直面しているにもかかわらず、ユーモアと前向きな楽観、そして希望がありました。どの話もドラマだらけで、聞いているだけで鳥肌が立ちました。誰もが「とにかく勇気を持って生きよう」というメッセージを全身で発していました。僕がこの本を書く旅で出会った人たちはみな、間違いなく「希望を語る教師」でした。

僕は教育を語るに落ちる人間です。

しかし、この旅で出会ってしまった、どうしようもなく魅力的な教育人たちの生きざまを次の世代に伝えるために、この本を書きました。彼らの姿、そして彼らのいる学校や地域の様子は、そう遠くない未来、いわば〝2030年の学校教育〟のあるべきかたちを示唆しているのではないかと、少々えらそうな物言いで恐縮ですが、僕は素直に感じています。

「とにかく勇気を持って生きよう」

彼らの希望の物語が長く語り継がれ、次世代の遺産になると信じています。

目次

第3章 N高の挑戦

第4章　侍学園という希望

第5章　大槌の教育復興

鈴木敏夫・税所篤快対談

第1章

「みんなの学校」の衝撃

大空小学校初代校長・木村泰子先生

大空小学校の始まり。20年の膠着をひっくり返した一声

地域に受け入れられず「分校」になった新設校

大空小は大阪市住吉区にある公立小学校だ。2012年時点で、児童数は約220人。そのうち、特別支援の対象となる児童数は30人を超えている。彼らは特別なクラスにくくられることなく、すべての子どもたちが同じ教室で学んでいる。これが大空小の大きな特徴のひとつだ。

ほかの学校では居場所がない子も受け入れてくれる――そんなウワサは口コミで広がり、大空小には全国から〝問題児〟と見なされた子どもたちが集まってきた。にもかかわらず、開校から現在（取材当時。2015年時点）に至るまで大空小で不登校のまま卒業した児童の数は「ゼロ」。それは、開校当時の校長である木村泰子先生のリーダーシップもさることながら、教職員や保護者の皆さん、そして地域の住民が一丸となって学校づくりにコミットしているからこそ実現しているのだ。僕は大空小が「2030年の学校」のあるべき姿のひとつではないかと、強く感じている。

大空小学校の歴史はきわめて短い。開校は2006年4月で、できてから15年足らずの新設校である。今でこそ地域住民の熱心な応援に支えられている大空小だが、設立から現在までの道のりは、木村先生の話を聞くと波乱万丈なものだった。

その昔、大空小のある学区には小学校が一つしかなかった。児童の数が増え続けていたため「このままではパンクしてしまう」という懸念があり、行政は同学区内に新しい学校をつくろうと動き始めた。しかし、2003年にようやくできたのは新設の独立した学校ではなく、元からあったマンモス小学校の分校だった。その理由を、木村先生が説明してくれた。

「地域の保護者が新設の学校に行くことを拒否したからです。行政が新校の設立に向けて学区の再編をしようとしたのですが、『なんで自分の子どもが動かなアカンのか』『向こうの地区が拒否した学校になんか行かせたくない』と、誰も新校に行きたがらない……そんな反対運動が20年間ずっと続いていました。それで行政はあきらめて、新しい校舎をもとからあった小学校の分校と位置づけ、5～6年生だけをそちらに通わせるようにしたんですよ」

分校ができてから3年が経ったタイミングで、木村先生はこのマンモス小学校に校長として赴任した。地域に充満する負の感情を肌で感じて「このままでは子どもたちのためにならない」と切実に思った木村先生は、この空気をぶち壊すべく〝新校復活〟に向けて動き出した。

積年のしがらみ、風穴を開けた何でもない言葉

白紙になった新校の話を再び復活させるには、地域住民の同意が不可欠だ。木村先生は地域住民のリーダーたちが一堂に会する集会があると聞きつけ、彼らを説得するべくその場に単身で乗りこ

んでいった。

「行政の人には止められたんですよ、『行っても泣かされて帰ってくるのがオチやから』って。私は『こっちはか弱い女の子ですし、命までは取られないでしょう』と返したんですけど（笑）」

集会の当日。木村先生が指定された会議室に入ると、そこには「新しい校長はどんなヤツや？」と品定めをするように見てくる住人たちが、ずらりと並んでいた。

木村先生はひりつくような空気を、底抜けに明るいあいさつで吹き飛ばした。

「木村でーーす！　新しく校長として赴任しました、皆さんよろしくーーー！」

第一声で会議室の雰囲気が変わったところで、木村先生は最も伝えたかった言葉をストレートに投げかけた。

「みんなで新しい学校を、いい学校をつくりましょう!!」

誰もが様子を伺うように、シンと静まり返った会場。しかし次の瞬間、ドッと拍手で包まれた。リーダーの取りまとめをしていた男性からの「校長、よう言うた！　手伝うで！」という声援を皮切りに、あちこちから「みんな、ええ学校つくろうや！」と声が上がった。20年間この地域を苦しめてきた負の空気を、木村先生はたった一言でひっくり返ってしまったのだ。ここから、分校が「大空小学校」として生まれ変わる物語が動き出す。

積年のしがらみを越えて、地域のリーダーたちは新しい学校づくりに意欲を見せ始めた。これに驚いたのは行政側の人々だった。彼らは口をそろえて「一度白紙にした新校の話を、今さら元に戻すことはできない」と言った。そんななかでリーダーシップを発揮して空気を変えたのは、当時の住吉区の区長であった西澤由美子さんだ。

木村先生は西澤区長に「新校、どれだけ待てる？」と聞かれた。それに対して木村先生は「1年しか待てません」と言ったそうだ。なんとも強気な姿勢だ（笑）。

西澤区長は木村先生の思いを受け取り「新しい学校をつくろう」という不退転の決意で、行政内の調整に取りかかった。そして見事、1年間で新校の開校準備をやってのけたのだ。木村先生も「区長の存在がなければ、大空小は生まれていなかった」と語る。このように、大空小が開校する前にはいくつものドラマがあった。

誰もが、子どものためにいい大人でありたい

僕はここまでの話で、ひとつ大きな疑問があった。「20年間反対し続けていた地域の総意が、なぜ木村先生の一声で変わったのか」ということだ。それを尋ねてみると、木村先生は「きっと、みんな本当は、どうにかしたかったのだ」と言う。

「やっぱり大人は、最終的に『子どものためにいい大人でありたい』という気持ちを根底に持っているんです。でもときに、感情や世間体が邪魔をして『何が一番子どものためになるのか』を見失ってしまう。私は、20年間で積もり積もっていた感情を取っ払って『みんなでいい大人になりま

しょう』と軽いノリで声をかけただけなんです。学校設立の1万分の1くらいの力にしかなってませんよ」

木村先生はそう答えて「大したことはしていない」と笑った。謙遜されているが、僕はこれこそ――潮目を変えて前へ進む空気をつくり出すことこそ、リーダーシップで一番重要なことだと思うのだ。

紆余曲折を経て2006年4月に開校を迎えた大空小学校。奇跡を生み出すこの学校の歴史は、希望を胸に抱いた木村先生たちを仰天させる〝事件〟から幕を開けることとなる。

大人こそが子どもに学ぶ
――大空小のDNAを生んだ〝すってんころりん事件〟

大事な入学式をぶち壊した〝問題児〟

2006年4月10日。開校初日を校長として迎えた木村先生は「絶対にいい学校をつくらなあかん!」と意気込み、また気負っていた。そんな彼女が「しょっぱなから鼻っ柱をへし折られた」と語る出来事が、大事な始業式の場で起こったのだ。

少し緊張した面持ちで体育館に集まった小学生たちに、気合いの入った木村先生は「今日からみんなでこの学校をつくっていこうね！」と熱心にスピーチをしていた。すると突然、後ろから「うわーっ！」という叫び声とともに、体の大きな男の子――ショウゴ君が館内に走り込んできたのだ。ショウゴ君は叫びながら舞台を駆け抜け、2階のギャラリーにのぼった。男性教員がその後を追いかけ始めると、彼はさらに喜んだ様子で「きゃーっ！」と奇声を上げながら走り回り続けた。落ち着きを取り戻せないまま、大空小の始業式は半ば強制的に幕を閉じた。木村先生はこのときの自分の心境を、今なお反省している。

「あの時私は『せっかくゼロからいい学校をつくろうって仕切り直せたのに、こんなややこしい子がいたらできるわけがないやん……』って思ってしまったんです。ホンマに悪徳校長ですよ（笑）」

ショウゴ君は、大空小の開校直前に転入してきた6年生だった。前の学校からの引き継ぎ情報はほとんどなく、木村先生たちは困惑した。始業式の次の日からも、ショウゴ君のパワフルな行動に歯止めは効かなかった。学校に来てもすぐに逃げ出し、大型電気店で閉店になるまでゲームをして、夜遅くに補導される……そんな日々の繰り返しが続いた。

彼の行動力はすさまじく、地下鉄に無賃乗車して縦横無尽に移動をする。信号待ちの車の荷台に飛び乗って追手を巻いたこともあったそうだ。教職員は毎日のように学校内外で彼との〝鬼ごっこ〟に追われ、木村先生は彼が見つかるまで職員室で待機した。ときには発見の連絡が深夜2時を過ぎることもあった。

そんなショウゴ君の担当を任されたのは、大学を卒業したての新米教師・青木ちづる先生だ。青木先生は小柄で華奢な体つきで、ショウゴ君と並ぶと彼の方が大きいくらいだった。青木先生の仕事は、ショウゴ君が逃げ出さないように〝手をつないでいる〟こと。一瞬でも手を離したら逃げてしまうから、トイレにも自由に行けない。新任の先生には重責だっただろう。彼女が一緒にいるとき、ショウゴ君は落ち着いた様子を見せるものの、手を離すとすぐ逃げ出す状況は、いっこうに変わらなかった。

ショウゴを〝問題児〟に仕立てていたのは誰だ？

ショウゴ君をめぐって大事件が起きたのは6月、梅雨入り後のじめっとした日のことだった。木村先生がショウゴ君のいる教室をのぞいてみると、彼は青木先生の隣でおとなしく席に座っていた。木村先生は「お、ショウゴ、今日は珍しく席に着いてるな。熱でもあるんか？」と冗談交じりに話しかけた。それに青木先生が「校長先生、今日はね……」と返答したとき、彼女はショウゴ君の手を離してしまった。その瞬間、彼は猛スピードで席を立って廊下へと駆け出した。

彼が飛び出すや否や、青木先生もすぐに教室を飛び出して彼を追った。木村先生も遅れて教室の外に出た。ショウゴ君は廊下の突き当たりを曲がり、見えなくなりかけていた。木村先生は「今日も深夜コースやな」と腹をくくりかけた……その時である。

「ドッスーーーン！」と、ものすごい音が鉄筋の校舎を揺らした。全速力で追いかけていた青木先生が、湿っていた廊下に足をとられてズルンと滑り、大きな、大きなしりもちをついたのだった。その音は学校中に響き渡り、教室という教室が静まり返った。

すると、ここで誰もが予想しないことが起きた。ショウゴ君が振り返り、転んでいる青木先生を見つけて、ダーっと駆け戻ってきたのだ。そして、座り込んだままの彼女のそばにしゃがんで、痛がっている部分を一生懸命さすり始めた。「痛かったね、痛かったね」と言葉をかけながら。

木村先生は「えっ、どういうこと？」と混乱した。それは彼女が初めて、ショウゴ君の発する〝意味のある言葉〟を耳にした瞬間でもあった。

次の日から、ショウゴ君と、彼を取り巻く世界は一変した。ショウゴ君は学校から逃げ出さなくなった。そして、意欲的に学ぶ姿勢を見せ始めたショウゴ君のために、職員室に彼専用のＰＣが導入された。彼はそのパソコンでインターネットを使いこなし、動画サイトで大好きな「アルゴリズム体操」を何度も視聴した。そして、休み時間には集まってきた下級生にその体操を教えるようになった。入学当初から問題児扱いをされてきたショウゴ君は、下級生から尊敬されるお兄さんに成長を遂げたのだ。

あの日以降、彼は卒業式まで学校を一度も逃げ出すことはなかった——これが、大空小の根幹を揺るがした〝すってんころりん事件〟の一部始終だ。当時を振り返って、木村先生は次のように語る。

「あの現場に立ち合って、まともな人間に変われない人はいないと思います。それまでずっと問題児扱いだったショウゴを変えたのは……いえ、ショウゴが問題児だったのではなく、私たちが問題児に仕立てていたんですね。彼の本来の姿を引き出したのは、百戦錬磨のベテラン教員ではなく、2ヵ月間ずっと手を握り続けていた青木先生だった。その信頼関係があらわになる瞬間を、多くの6年生の児童たちと教職員が目撃した。言葉ではうまく表現できませんが、あの瞬間が今の大空小のスタートだと感じています」

大空小学校の教職員は〝すってんころりん事件〟を通して、尊い気づきを得た。それは「大人こそが子どもたちにたくさんの気づきや学びをもらい、育てられている」ということだ。大人も子どもから学ぶ姿勢を持つというDNAは、木村先生が去った現在の大空小にも脈々と受け継がれている。

10年後の世界を幸せに生き抜くための「たった一つの約束と4つの力」

テストで測れる学力で、子どもたちは幸せになれるのか？

ショウゴ君の〝すってんころりん事件〟を機に、先生も子どもも変わり始めた大空小学校。ただ、大空小が最も大事にしている根幹の理念は、開校当初から変わっていない。それは「大空小学校のたった一つの約束と4つの力」というスローガンにギュッと詰まっている。

〝たった一つの約束〟とは「自分がされていやなことは、人にしない、言わない」というシンプルなメッセージだ。大空小では、この約束が徹底的に守られている。そして、約束を守る精神性はそのまま「人を大切にする力、自分の考えを持つ力、自分を表現する力、チャレンジする力」という〝4つの力〟につながっていく。木村先生は、この標語ができた背景を次のように語る。

「〝たった一つの約束と4つの力〟は、開校前に教職員みんなで意見を出し合って決めたものです。〝10年後の世の中で生きて働く力〟って何なんだろう、子どもたちがどんな心を持っていたら幸せになれるだろう……と考えたんです。毎年、子どもたちと一緒に『加筆修正する必要はないか？』と見直してきたんですけど、どんな意見も結局はこの〝たった一つの約束と4つの力〟に集約されるんですよ」

開校から10年先を見すえて決めた目標が、15年近く経った今も変わらず残っている。世の中は目まぐるしく変わっても、僕らが大切にすべきことは、それほど大きく変わることはないのかもしれない。

「私が生きていくうえで最も大事だと感じているのは、〝人を大切にする力〟なんです。これからの世の中のことを考えると、今の子どもたちはもっと広い世界と向き合っていく必要があります。

未知の世界に飛び出して、さまざまな価値観に触れて、どこでなら自分らしく生きていけるか、自分で選ばなきゃいけないんです」

深くうなずいた僕に微笑みかけて、木村先生は言葉を続ける。

「それは、テストで評価される学力をつけていけば解決する問題じゃない。いい大学を卒業して有名な企業に就職することが、誰しもにとっての幸せじゃないから。本当の幸せは人を大事にする心と、それをちゃんと周りに表現できる力が引き寄せる。そのうえで、自分の考えを持ってどんどんチャレンジができれば、新しい世界が広がっていく。どんな世の中に変わっても、〝たった一つの約束と4つの力〟の重要性が廃《すた》れることはないと思っています」

大空小の約束は、児童だけが守っているわけではない。むしろ、教職員の方が徹底して守っている。木村先生は、開校2年目に印象的な出来事があったと話してくれた。

「自治体主催の教職員の研究発表会があって、そこにウチの教職員も出たんですよ。彼らは大空小での初年度の実践を熱心に語りながら、最後に『子どもたちの4つの力を養うには、私たち大人がこの4つの力を身につけて体現していくべきです！』と言ったんです。その発表を聞いて、私は正直焦りましたね（笑）。『現場の教職員に置いていかれないよう、ついていかなアカン！』と感じました。私たちはけっして上から教える立場じゃなくて、子どもたちと一緒に学びと力を培っていく立場にあるんです」

大人が徹底して周囲と対等に接する。そんな姿を見ている子どもたちも、周りと対等に接することを覚えていく。子どもたちのやり取りのなかで、大人が気づかされることもある。むしろ、その方が多いのかもしれない。大空小の多様性は「教える↓教わる」の一方的な関係ではなく、かかわる人すべてが「お互いに学び合う」姿勢によって生まれているのだろう。

「教員」ではなく、「教職員」と呼ばせる意味

ここまでの記述のなかでお気づきの方もいらっしゃるかもしれないが、大空小では「先生」という言葉を使わない。代わりに「教職員」という言葉を用いている。ここにも、大空小ならではのこだわりが隠されていた。

「学校にはいろんな職種の大人が集まっています。一般的な教員のほかにも、養護教諭・管理作業員・給食調理員・事務職員・講師・教頭・校長、ざっくり分けても８つの職種がある。この８つの職種の大人が皆で力を合わせて、子どもの成長をサポートしていく。『先生』って言ってしまうと、どうしても教員の印象が強くなりますよね。でも、教員はチームの一部でしかない。『教職員』という言葉を使うのは、子どもたちと教員以外の職員のつながりも大事にしたいからなんです」

最初に〝たった一つの約束と４つの力〟を決めた議論にも、８つのポジションの全教職員が参加した。学校を支えるすべてのスタッフがチーム意識を持って、同じ方向を向いている。そうした思いは、児童にもしっかり届いている。

「昔は『先生、先生』って言ってた子どもたちが、卒業式には『教職員の皆さん、ありがとうございました』という言葉が出るようになるんですよ。そればかりか、よそからお客さんが大空小に来て『先生方は……』なんて話していると、子どもたちの方から『ウチの学校は先生だけでやってません！』ってダメ出しが入るんですよ（笑）」

大空小が子どもたちにまっすぐ伝えようとしているのは、数値で計れる〝見える学力〟ではない。経済学者のジェームズ・J・ヘックマン氏が提唱したような、目に見えない〝非認知能力〟なのだろう。木村先生は「大空小が子どもに向かって投げかけるものは〝4つの力〟以外にない」と言い切る。

「『おはよう』から『さよなら』まで、〝4つの力〟にアンテナを張っていたら、起こることすべてが教材になるんですよ。遊んでいるときにも、何気ない会話のなかにも、心を豊かにするような学びがたくさん転がっている。

〝4つの力〟の重要性が見え隠れする場面を、大人が子どもにどう気づかせてあげて、どう獲得させるか……私たち大空小の教職員の一日は、そのことばかり考えて終わるんです」

学校は〝あるもの〟ではなくて、〝つくるもの〟

誰が学校をつくるのか？

学校は〝あるもの〟ではなくて、〝つくるもの〟だ――木村先生は校長として大空小に在籍していた間、この意識を全教職員と共有していたと語る。

「目に見えている学校というのは、単なる建物でしかありません。それを学びの場である〝学校〟たらしめていくのは、人以外にあり得ないんですよ。じゃあ、誰が〝学校〟をつくるのか……ここが大きなポイントです」

木村先生は、学校づくりの担い手であるべき人たちを４つに分類して説明する。まず、真っ先にあがったのは〝子どもたち〟だ。

「大空小の児童に『学校は誰がつくってるの？』と聞けば、１年生でも『ん』と言いながら自分を指差しますよ。それくらい〝自分たちの居場所は自分たちがつくる〟という意識は、徹底的に持たせています」

次に重要な担い手は〝子どもたちの親〟。大空小では彼らのことを保護者とは言わず「サポーター」と呼んでいる。この理由については後ほど補足したい。

三番目の担い手は〝地域住民〟である。「子どもたちは地域の宝、彼らが学んでいる学校を地域で盛り上げていこう」という空気を生み出すことがカギとなる。

そして、四番目にようやく教職員が出てくる。教職員も〝自分が働く学校を自分でつくっていく〟

という意識を持つことで、子どもたちと同じ目線で学校と向き合えるようになる。大空小ではこの四者がそれぞれの役割を持ちながら、一丸となって学校づくりに携わっているのだ。

親たちは「保護者」になるな、「サポーター」であれ

大空小では子どもたちの親のことを「サポーター」と呼ぶ。この呼び方に込められた意味は、重く尊い。木村先生は、子どもたちの両親と初めて対峙する入学式のあいさつで、毎年こう話すそうだ。

「みなさんは今日から、大空小に通うすべての子どもたちのサポーターになります。おめでとうございます！」

この言葉の真意について、木村先生は次のように語ってくれた。

「中身の柱だけとったら、要は『みんな、もうあきらめや』って言ってるんですよ（笑）。これからは自分の子どもだけを可愛がるような〝保護者〟なんて肩書き、ゴミ箱にポイしてくださいって。それを〝サポーター〟と名づけ直すことから、学校に対する親の意識を変えていくんです。もちろん、このメッセージはスクールレター（学校だより）などで繰り返し発信していきます」

最初に一線を引く、そして初志を貫き通す——木村先生は子どもたちの両親に明確なスタンスを示すことで、彼らに学校の担い手としての〝当事者意識〟を育てていった。

そしてもう一つ、木村先生が両親に対して何度も投げかけていたメッセージがある。それは「文句はいらない、意見をください」というものだ。

「文句はただの感情のはけ口であって、未来がないんです。でも、意見には『問題を解決しよう』という意志と主体性がある。それは必ず、よりよい未来につながるんです。教職員だって人間だから、いつもパーフェクトなんてことは絶対にない。だから、子どもやサポーターからの意見は、いつだって宝物です」

大空小の校長室は、誰にでも開かれていた。そこにやってくるのは、子どもたちだけではなかった。ときおりサポーターがやってきては、「校長先生。今から言うことは、文句じゃないからね」「本当は文句も言いたいけど、文句やったら聞いてくれへんやろ」と、意見を熱っぽく伝えた。

どんなに耳の痛いことでも、そこに主体性があるならば、大空小の教職員はサポーターの意見を真正面から受け入れ続けた。意見が生かされていくたびに、大空小は学びの場としてどんどん成長し、サポーターもより積極的に学校づくりにコミットするようになっていった。

木村先生が校長として在籍していた9年間、大空小に〝モンスターペアレント〟は一度も現れなかったという。これは、誰もが人任せにしない学校づくりが成立したからこその結果だと、僕は感じた。

学校と地域に上下関係はない

ここ最近の教育現場では「地域に開かれた学校づくり」というフレーズがよく使われている。木村先生は、この「学校を開く」という行為が「『学校が地域にお願いをする』かたちになってしまってはいけない」と警鐘を鳴らす。

「学校側が『地域のみなさまいらっしゃいませ、どうかご協力よろしくお願いします！』とアプローチを始めてしまうと、上下関係ができてしまいます。そうなってしまったら、そこに生きた人間同士の営みは生まれません」

どうすれば大空小のように、地域全体を巻き込んだ学校づくりができるのか――木村先生の答えは至ってシンプルだ。

「学校づくりに特別な方法論はありません。『学校はあるものではなく、つくるもの』という意識を共有する。そして、『誰が学校をつくるの？』という問いに対して、それぞれが『自分だ！』と答えられるように意識を高めていく。この二つの意識を繰り返し、徹底的に突き詰めていくことが大切なんです」

大空独自の「ふれあい科」が引き出す、子どもたちの力

人気番組をモデルにした特別授業「ようこそ大空の先生たち」

「ビジョンをみんなで共有し、楽しいことをいっぱい考えて、いっぱい実践した」

そう木村先生が語るように、大空小には独創性にあふれた取り組みが数多く存在する。そのなかでもとりわけユニークな活動と言えば「ふれあい科」だろう。これは、学習指導要領としては〝総合的な学習の時間〟に当たるカリキュラムだ。「人とかかわり合い、それぞれの違いを学ぶ」というコンセプトを掲げ、子どもたちにさまざまな人や物事との出会いをもたらしている。

ふれあい科のコンテンツの一つとして用意されているのが、NHKの人気番組『課外授業　ようこそ先輩』をモデルにした、「ようこそ大空の先生たち」。1年～6年までの全クラスの数字を記したテニスボールを箱に入れ、それを校長も含む教員が一つずつ引き、書かれていたクラスで1時間の授業をする、という企画だ。

子どもたちはこの時間をとても楽しみにしていて、当日になると「今日は誰が来るのかな」というワクワク感が教室に充満する。いざ担当する先生が教室に入ってくると、子どもたちからは「えー！」「きゃー！」「やったー！」など、素直な反応が飛び出す。先生たちにとっては、緊張の

一瞬だ。

「ようこそ大空の先生たち」は、次第にその輪を広げていった。今や校内にとどまらず、地域住民らも巻き込んだ授業の提案がなされ、校外の一般人が教壇に立つことも少なくない。木村先生はこの状況について、嬉しそうに話してくれた。

「おもしろいでしょ？　大阪市立大学の学生さんが大空小で教える〝課外授業〟も取り入れ始めました。これも、子どもたちはとっても楽しんでくれています。純粋におもしろいことは、アイデアだってどんどん広がるんです。ウチでは、向いている方向さえ間違っていなければ、なんでもＯＫだから」

ふれあい科の取り組みを通して、たくさんの人とふれあう機会を持った子どもたちは、学びを深めるためお互い積極的にかかわり合うようになる。そこには自然と、目的別の異学年グループが形成されるようになったそうだ。

木村先生はこうした子どもたちの成長について、「学校と社会をつなげているからこそ」と語る。

「目の前の子どもはどんどん変わるし、世の中も目まぐるしく変わる。変化についていくためには、想定外のことを学校のカリキュラム内に取り込んでいくべきだと思います。学校の学びを〝学校〟という狭い枠のなかに閉じ込めてしまってはもったいない。学校で生きる力を養うには、社会とのつながりを持たせることが必要です。大空小ではふれあい科を〝最も大事にしている教科です〟と地域の方々にも明言しています」

「バースデーメッセージ集会」は、人と人との真剣勝負の場

ふれあい科のなかには、大空小の教職員のみなさんが「最高にいい！」と口をそろえる催しがある。月に一度行われる「バースデーメッセージ集会」だ。

児童全員が集められた体育館で、その月に誕生日を迎える子どもが一人ずつ前に出て、「誕生日を迎えて思うこと」を自分の言葉で語る。大空小が掲げる「人を大切にする力、自分の考えを持つ力、自分を表現する力、チャレンジする力」という4つの力を養う、格好の機会となっている。

この取り組みを始めた当初は、「将来の夢は？」などのテーマが設けられていたが、次第に「自分の言いたいことを好き放題に言う場」に変わっていったそうだ。

バースデーメッセージ集会は、子どもたちにとってはプレッシャーの大きい場でもある。1年生も6年生も、全校児童を前に、決められたテーマのない状況で何かを話さなければならないのだ。当然、うまくしゃべれない子も出てくる。そんなとき、大空小の子どもたちは「それがこの子の今の姿」と受け入れ、話し始めるまで待つ。もじもじして話し出せない子を見て笑ったり、無言の状態に飽きておしゃべりを始めたりすることなく、ただただ何も言わずにじっと待っているのだ。

木村先生は、バースデーメッセージ集会に向き合う子どもたちの姿に、いつも心打たれると言う。

「これが本来、子どもの持っている力なんだなと感じます。集会中は『早くしゃべりなさい』とか『静かに聞きなさい』とか、大人が横やりを入れることはありません。そんなことをしなくても、

子どもは子ども同士で、ちゃんとありのままを受け入れ合える。どうしても言えない子がいたら、周りの子がそっと『次にする？』って声をかける。そういう信頼関係が実を結んで、入学してからずっと何も言えなかった子が、6年生になってのバースデーメッセージ集会で初めて話せたこともあるんですよ」

　そして、もちろんこの集会では教職員も子どもたちと同じように話すことになる。「おしゃべりな私でも、この日ばっかりはドキドキしますよ」と木村先生は微笑んだ。

「バースデーメッセージ集会は、自分が生まれた日を大事にしようっていう空間。そこには〝子ども〟も〝大人〟もいなくて、一人ひとりの〝人間〟が集まっている。人と人との真剣勝負なんです。大勢の人が、自分一人にだけ注目してくれる。話せることは、自分の心のなかから出てくる自分の言葉以外に何もない。そういう場に立って、初めて気づけることがあったりする。ふれあい科の取り組みは、人と向き合う場であると同時に、自分自身と向き合う場でもあります」

　自由な創造力をもって、教科書からは得られない学びの場を生み出している、大空小のふれあい科。大空小のつくり手たちは、この取り組みを通して「目に見えない力を育む」ことの大切さを日々体感しているのだろう。

新人時代の木村先生が犯した過ち
——大空小の教育のルーツ

管理教育時代の「模範校」で

　ここまで大空小のエピソードを聞いてきたが、少し木村先生個人のお話にもフォーカスしてみたい。そもそも木村先生はなぜ教員になり、どんな新人教師時代を送ったのだろうか。聞いてみると、中学時代に教わった体育の女性教師に憧れて、教職を志したそうだ。しかし、短大を卒業した20歳の木村先生が赴任したのは、なぜか小学校だった。

「当時、中学校の体育の教員は余っていて『空きが出るまで待ってなさい』と言われるような状況でした。それで、たまたま私は小学校の教員免許も持っていたので、そちらに流れてしまって。でも私、小学校時代は『学校の先生って悪い人ばっかり！』と思っていたほど、先生とそりが合わなかったんですよ。だから、小学校の先生なんてまったくなる気はなくて、本当に想定外で（笑）」

　そんな木村先生の最初の職場は、ベテラン男性教員が多い、いわば当時のモデルケースとされていた学校だったという。

「その学校は、模範的な立場にあったんだと思います。いらっしゃる先生方も、その後管理職に出世していくような方が多くて。管理教育まっただ中の時代のなかでは、優秀な学校として見られていたのかなと」

当時の小学校教育の風潮では、「教員が答えを正しく教えられるか、何人に100点をとらせられるか」に焦点が当たっていた。だから、学校の先生がやることは児童に「覚えさせる、詰め込む」といった知識の注入だった。

しかし、中学校の体育教師になるつもりでいた木村先生は、「小学校の教育がどうあるべきか」なんて指導は、ほとんど受けてこなかった。ほかの小学校の先生たちと違って、色がついていなかったのだ。

「管理教育の権化のような学校に、突然私のようなイレギュラーな人間が入ってきたんです。管理職の立場から見れば〝とんでもなく困った教員〟だったと思いますよ（笑）」

3年3組、45人のクラスを受け持つことになった木村先生は、無知から革新を見出していく。教師が子どもに知識を詰めこむ管理教育的な方針を一切無視して、与えた課題を子どもたち同士で考えさせて解決させる、いま流行りのアクティブ・ラーニングのような授業を展開したのだ。

教室の中で木村先生は、一方的に教えることはせずに子どもたちの記録をとり、最後に「そろそろ出番？」と言ってまとめの役割を果たすだけ。学びの主体を子どもたちに置く教え方である。

当時としては一風変わった授業をする木村先生のクラスは、とても盛り上がった。学習計画なんてなくても、毎日の授業で子どもたちは話し合いのなか、テンポよく自分たちの力で問題を解決していく。課題が早く終われば「あら、もう終わったん？　ほな遊ぼうか」とほほ笑む木村先生を、クラスの子どもたちは心から信頼していた。

「でもね、周りの大人からはクレームの嵐でしたよ。同僚からは『常識はずれだ、生意気なことをするな』と言われ、保護者からは『先生を変えろ、アイツは辞めさせろ』とクレームを入れられ……味方は校長と子どもたちくらいしかいませんでしたね（笑）」

ドラマのようなそれは、美談なんかじゃない

それから時が経ち、次の年の４月。この小学校では、３年から４年のクラス替えは行われず、担任も通例では持ち上がりだった。しかし、木村先生が受け持っていた３組の担任の発表では、別の教員の名前がコールされたのだ。「エーッ!!」という子どもたちの悲鳴が、運動場に響き渡った。木村先生を温かく見守っていた優しい校長が、度重なる保護者からのクレームを考慮して、やむを得ず下した判断だったのだろう。

始業式が終わっても、３組の生徒45人は一人もそこから動かずに、延々と泣いていた。子どもたちのいたいけな姿を見て、木村先生も一緒になって泣いた。しかし、木村先生も新しく担当するクラスがあったし、３組の子どもたちにも新たな担任がいる。木村先生はほかの先生方に、３組の子どもたちは新しい担任にそれぞれ引っ張られ、ドラマのような１シーンに幕が閉じたそうだ。

なんとも美しいエピソード……と思いきや、木村先生は「今、冷静になって考えれば、こんなの

はとんでもない教師ですよ」と言い放った。いったいどういうことだろうか。

「『私でないと、この子らは育てられません！』みたいな教師になってはいけないし、大空でそういう教え方は絶対にさせませんでしたね。担任が圧倒的な影響力を持つような〝学級王国〟をつくってしまうと、一個人の価値観だけで子どもたちを縛ってしまうリスクが生まれます。確かに、担任と児童の人間関係だけで言えば美しいかたちだったのかもしれません。けれども、子どもたちはその後も何人もの先生と出会う。そこで生まれる可能性を閉ざしてしまうような関係性のつくり方は、子どもたちの〝生きる力〟を引き出す教育の本分で考えたら、やっぱり大失敗なんですよ」

自らの過ちに気づいた木村先生は、日頃から同僚と連携をとるようになった。「一人ひとりが学級経営をするのではなく、みんなで学年経営をしよう」という意識を同学年の先生たちと共有し、運動会や遠足などのイベントだけでなく普段の授業計画もみんなでつくりあげていった。

「常に『これでホントにいいのか？』って自問自答を繰り返すことが大事なんです。そういう意識を持っていなかったら、私は1年目の失敗に気づくことができなかったかもしれません。人と向き合う教育に、いつでも正しい唯一の答えなんてないから」

学校はみんなでつくるもの、みんなで学校経営をする——木村先生が大空小で打ち出した教育方針のルーツは、本人の手痛い失敗体験から生まれたものだったのだ。

大空小はマニュアルを持たない

「これでいい」と思える瞬間なんて、永遠に訪れない

学校全体の目標として掲げる「４つの力」や、「ふれあい科」などのユニークな取り組み。そしてなにより、児童、教職員、サポーター（保護者）、地域住人のみんなで学校をつくっていく姿勢――現代において、大空小学校はひとつの理想的な小学校のかたちだと、僕は感じている。大空小の日常を記録したドキュメンタリー映画『みんなの学校』のパンフレットには、教育評論家の尾木直樹さんも「これが日本の学校のモデルだ」と書いていた。僕は、最も気になっていた質問を、木村先生に投げかけてみた。「大空小学校の取り組みやポリシーを、ほかの学校に広めていけるようにマニュアル化することはできないでしょうか？」と。この問いに対して、木村先生はきっぱりと答えてくれた。

「たとえば『４つの力をほかの学校でも同じように掲げましょう』とするのは、大人が子どもに対して、一方的に与えるものになってしまうでしょ。４つの力は、教職員と子どもたちの間で散々話し合った末にかたちになったからこそ、両者にとって意味のあるスローガンになっているんです」

学校の本質は〝子ども同士が学び合う場〟であって、大人が何かを押しつけても意味がない。木村先生はそう言ってから、このインタビューで繰り返し訴えてきた言葉につなげた。

「いつだって大事なのは、『手段と目的を混同しないこと』です。たいていの問題は、手段が目的化してしまったがゆえに起きていることが多いと思います。マニュアル化すれば、確かにほかの学校でも活用しやすくはなりますが、どうしても〝マニュアルどおりやる〟という本質からそれた目的意識が働いてしまいます」

こうした木村先生の「目的を見失うな」という意識は、その後も大空小に色濃く受け継がれている。大空小の教員たちはいっさい「気をつけ、前ならえ」といった紋切り型の号令を使わないし、「静かにしなさい」などと命令的な指示は出さない。マニュアル化された言葉は、本来の意味を失っているからだ。もし「4つの力」がマニュアルに埋め込まれてしまったら、きっと本来の意味は薄れていって、いつか形骸化してしまうだろう。

大空小はマニュアルを持たない——だからこそ試行錯誤をたゆまず続けて、日々進化を遂げている。木村先生は在任中、ずっと迷いながら学校運営をしてきたと語る。

「10年間、いっつも『これでええんかな?』って悩み続けていましたね。それでも、完璧な答えにたどり着くことはなかった。ある日ね、職員室で私が『いつになったら〝これでいい〟って思えるんやろ』とグチをこぼしたことがあって。そしたら、当時の養護教諭だった筒井さんが『そんなん、これでいいって思った瞬間から学校なんてダメになりますよ』ってサラッと返してきたんです。私は『あ、ハイ』としか言えなくてね(笑)。大空小は、誰か特定の人の力で動いてるんじゃない。そこにかかわるすべての人たちの〝学び合い〟の上に成り立っているんです」

学校は「木」、地域は「土」、教職員は「風」

映画『みんなの学校』などを通じて大空小学校の事例を知り、涙を流して感動する人は後を絶たない。しかし、「大空小は木村先生みたいな優秀な人たちが集まったから、たまたまうまくいったんだよね」と特別視している人が多いように感じる。

それはあまりにもったいないことだと、僕は思う。現在の大空小学校は、立ち上げ時から校長も教頭も替わり、教員も半数以上が入れ替わっている。けれども大空小学校のあり方そのものは、当時と変わらない。

木村先生は「公立学校の理念は、すべての子どもの学習権を保障することだ」と主張し、教職員が異動で入れ替わっても、理念をしっかり共有することでぶれない学校づくりを目指してきた。

体裁だけで考えれば、大空小学校は〝どこにでもある普通の公立小学校〟だ。そこが、数々の奇跡のような成果を残してきた。つまり、大空小のような教育環境は、きっかけさえあればどこでも実現し得るのだ。

「子どもたちの学びの場と学ぶ権利は、いつでもどこでも、どんなことがあっても、みんな平等に守られるべきです。この〝学習権〟を保障することが、公立小学校の一番の役割なんです。これさえ学校としてぶれずに守れたら、後はどんなつくり方をしてもOKじゃないかなと、個人的には思っています」

尊い理念が根づいている限り、時代が変わり人が変わっても、大空小学校が変わることはないだろう。木村先生は、学校を「木」だとするならば、地域が「土」、教員や教職員は「風」だと言う。「木が最もよりどころとするのは、常にそこにある土。いい土があって、木がそこにしっかりと根を張っていれば、少々乱暴な風が吹いても倒れません。風は外から、木と土にとって必要なものを運んでこられればいい。教職員の役割なんて、シンプルなものなんですよ。手段と目的を混同せずに、子どもたちの学習権を守る——短くまとめてしまえば、この一言に尽きます」

木村先生はいつだって子どもを見ている。手段ではなく、目的を見つめ続けている。これからの学校づくりに携わる人間が心に刻みつけるべきなのは、彼女がしてきたことではなく、彼女の視座なのだと、僕は強く感じた。

大空小から見えた、2030年の学校のあるべき姿

かつて、オランダの学校現場で「日本には子どもたち一人ひとりの存在と可能性を認め、伸ばしてくれる学校はありますか?」という問いを投げかけられ、僕は口をつぐんでしまった。しかし、今では同じことを尋ねられたら「はい、日本にもありますよ。大空小学校というすばらしい学校が!」と胸を張って言える。大空小の存在は大きな衝撃で、僕の日本の教育への価値観を刷新して

くれた。

学校は「あるもの」ではなく「つくるもの」――木村先生は、インタビューのなかで何度もこの言葉を使った。この哲学を、児童・保護者（サポーター）・教職員・地域のみんなで共有し、それぞれが積極的に学校づくりに参画した結果、今の大空小学校が築きあげられた。僕はその過程に、〝2030年の学校〟のあるべき姿を見た気がするのだ。

僕は初めて映画『みんなの学校』を見たとき、大空小学校は「きっと木村校長のカリスマ性が大きな役割を果たしているに違いない」と感じた。しかし、それは事実の一部分にしかすぎなかった。きっかけを生んだのは木村先生だが、大空小をつくり、現在進行形で支えているのは、学校とつながるすべての人たちだ。子どもたち、〝サポーター〟である保護者たち、地域住人、そして教職員の皆さんが「学校はあるものではなく、つくるもの」という考えを共有している。「この学校をつくっているのは誰？」と聞けば、みなそれぞれが「自分だ！」と言える。だからこそ、大空小はたくさんの子どもたちの、彼らを取り巻く大人たちの救いになり得たのだ。

学びnote

- 学校づくりの軸は常に「何が一番子どものためになるのか」。この軸をぶらさないことが、リーダーの役割。

- 大人も子どもも、間違えるのが当たり前。気づいたら、一呼吸置いて「やり直し」を宣言しよう。

- 大人こそが、子どもたちにたくさんの気づきや学びをもらい、育てられている。

- 「保護者」という肩書きはゴミ箱にポイ。「サポーター」として、文句ではなく意見を言う当事者になる！

- 「みんなの学校」づくりに不可欠な想い――「学校はあるもではなく、つくるもの」。「誰が学校をつくるのか？」と問われて、関係者みなそれぞれが「自分だ！」と答えられるか？

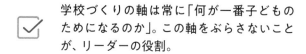

第2章

杉並の地域づくり・学校づくり

前杉並区教育委員会教育長・井出隆安先生
※2006年度～2019年度在任

大空小学校はまねできない？学校の適正規模とマネジメント

その人は「近い将来、学校が滅びる」と言った

大空小のエピソードをまとめながら、僕はたびたび、ひとりの熱い教育者のスピーチを思い出していた。東京駅直結のとある高層ビルの一室で行われた、教育関係者の集う会議で、彼はこのようなことを言っていた（若干うろ覚えだが）。

「学校は今のまま変わらずの存在であれば、2030年には用を足さなくなるだろう。硬直したシステムを維持しただけの学校であれば、近い将来滅びると思う」

その人とは、杉並区教育委員会教育長（当時）である、井出隆安さんだ。その場に参加していた僕は、現役の教育長が「学校が滅びるかもしれない」なんて発言をしたことに、心底驚いた。しかし、その語り口からは人生を杉並区の教育に賭けてきた情熱と経験が感じられ、とても適当にものを言っているようには思えなかったのだ。この「学校は滅びるかもしれない」という井出さんの言葉は、僕の心のなかに深く刻まれていた。

木村先生はひとつの学校の最前線で挑戦を続けてきた。一方、井出さんは現場から教育行政へと入り、教育長として10年以上、杉並区全体の教育設計を考えてきた人だ。僕たちが考えるテーマで

ある「２０３０年の学校づくり」について、よりマクロな話を聞くのに適任ではないだろうか。僕はそう考え、再び杉並区役所の教育長室に赴いた――。

大空小は理想のモデル校ではない？

実は、大空小学校の元校長・木村先生の話を聞く前に、僕は井出教育長のもとを訪ねていた。木村先生との対話へのアドバイスをもらうためだ。そのとき言われたことで、とくに印象に残っていることがある。僕は「木村校長が退任された後も、大空小学校はそのすごさを保てると思いますか？」と井出さんに聞いてみた。すると、井出さんはこう答えた。

「大空小学校が次の代にも『らしさ』を残せるとしたら、それはいい意味での〝いい加減さ〟だと思う」

このとき、僕は井出さんの言う〝いい加減さ〟がどういうものなのか、よく分からなかった。けれども、木村先生との対話を重ねるうちに、その真意が見えてきた。大空小の決まりごとは少ない。考え方の根っこさえ共有できていれば、誰が何をしてもかまわない。システムではなく、マインドが脈々と受け継がれている。そこが、井出さんの言う〝いい加減さ〟とリンクした。

僕は井出さんと再会すると、開口一番に木村先生との対談の報告をした。熱っぽく「２０３０年の学校のかたちを見ました！」などと感想を語った。しかし、僕の熱弁が終わるや否や、井出さんの口からは衝撃的なコメントが発せられた。

「映画『みんなの学校』は本当に泣けるいい映画だった。そして、木村先生はじめ大空小学校の先生たちは、すばらしい方ばかりだよ。ただね、大空小をそのまま全国すべての学校にとっての〝未来の理想的なモデル校〟と捉えることは、むずかしいだろうね」

冷や水を浴びせられたように「そ、そうなんですか……？」と固まる僕。木村先生たちのメッセージは「大空のような公立の学校でできることなのだから、全国の学校どこでも実現できない理由がない」というもので、僕はその話に感銘を受けていたし、そのとおりだと思っていたからだ。

「大空小学校がうまくいっているのは、小さい学校のよさが生かされているから。木村校長や先生たちの元気な声が、学校中に行きわたる適正規模だからなんです。もし大空小が1千人規模の学校だったら、先生たちもあんなに一人ひとりの児童に目を向けるのはむずかしくなる。校長の子どもや先生に対するコミュニケーションも薄まって、スムーズに解決しないことが増えていたと思うよ。児童が多ければ多いほど、一人にかけられる時間はどうしたって短くなっていくからね」

言われてみるとそのとおりだけど……腑に落ちない顔をした僕に、井出さんはさらに畳みかける。

「そうすると、大空小を全国の理想のモデル校にはできないんですよ。あれを理想に設定してしまうと、まず前提として『すべての小学校の規模を大空小程度にする』ことが必要になってくる。そうなると、今の日本では非現実的な話になってしまうでしょ」

教育行政のプロに言われると、若輩の僕にはなかなか反論する隙間を見つけられない。僕は苦しまぎれに「大空小学校のすごさは〝適正規模〟なんて言葉で片付けられるものではないと思うんですが……」と言おうとした。

そのときふと、以前『みんなの学校』を一緒に観たある先生が「大空小はすばらしいけど、あんなに忙しくて大変な学校では体が持たないな」と言っていたのを思い出した。彼のような意見の先生の心も動かせて、初めて〝理想の学校〟と言えるのだろうか。井出さんは「汎用性・再現性」をシビアに判断していた。これは、今までの僕にはなかった視座であり、僕がこの人から学ぶべきものだと感じた。

地域社会は〝海〟、学校はそこに浮かぶ〝船〟

学力は、貧困を解決し得る

井出さんの杉並区での取り組みの話を聞くと、僕の地元である足立区との差異を感じざるを得ない。井出さんはよく、こんなことを言うのだ。

「杉並には、公教育に関心の高い住人が多いんだ。保護者はもちろん、ＰＴＡのＯＢ、商店の主人や町会の世話役、医師や弁護士といった専門家等、さまざまな立場の人たちが経験や知識を生かし、垣根を超えて学校づくりに協力してくれる。この地域としての強みだね」

僕はそれをうらやましがりながら、ふと学生時代のことを思い出していた。高校生のときに、僕は公民の課題で「なぜ地元の足立区はバカなのか」というレポートを書いた。調べてみると、足立区は学力的に最下層で、上位には杉並区がいた。そして、地区ごとの学力の順位はほぼそのままのかたちで、所得の順位にも重なっていたことに驚いた。

ここに、僕の教育への興味の原点がある。この頃から、地元・足立区が抱える「貧困と教育の関連性」について、何かしらアプローチしたいと感じ始めたのが、僕の活動のスタートだった。

そんな昔話を打ち明けると、井出さんは「貧困に対して、学校ができることは少ない。同情したり励ましたりすることはできるけど、情緒的なフォローだけでは、具体的に解決に導くことはむずかしいんだ」と指摘した。

「いま、世間は学校に貧困問題への対処まで求めていて、先生がその期待に応えようとがんばっている現状がある。たとえば、先生が登校してこない子どもを迎えにいったり、保護者の問題で福祉事務所と交渉したり。先生〝個人〟の善意や熱意に寄りかからざるを得ないことが増えている。でも、全教師に同じような対応をしろとは言えないからね」

僕は、大空小学校を舞台にしたドキュメンタリー映画『みんなの学校』で観た光景を思い出した。そこでは先生が、学校に来ていないある男の子を迎えにいく姿が描写されていた。その子の親は夜勤もある仕事で、朝は家に一人でいることも多く、迎えに行かないと寝過ごして学校に来ないのだ。

僕は「熱意あるすばらしい行為だ」と感動したが、この行為を公教育のシステムに〝ルール〟として組み込めるかと言ったら……答えはNOだろう。そんなことまでしていたら、ただでさえ現状でパンクぎみの先生たちが、文字どおり〝忙殺〟されてしまう。

では、家庭の貧困の影響を受けている子どもに、学校ができることは何もないのだろうか。「そんなことはない」と言う井出さんは、明確な考えを持っていた。

「学校が、学校だからこそできる貧困問題へのアプローチとは何か……それは『子どもに確かな学力をつけること』だよ。学力のない子は、人生のいろいろな局面で不利になる。もちろん、ここでいう学力とは、世の中で生きていくのに必要な力のこと。それは基礎的な読み書きや人間関係を形成する能力など、いわば〝社会のなかで人間として生きていく力〟だ。学力は貧困から根本的に抜け出すために、最も大切な要素のひとつであって、それを子どもたちにつけてあげられるのが学校だ。だからこそ、学校は子どもたちにとってのセーフティネットであり得るし、もし学校がなくなったら、貧困を根本的に解決することはむずかしくなるだろうね」

いい学校は、いい地域なくして成り立たない

教育こそが貧困に対する最大の武器である――井出さんのこの言葉に、僕はとても勇気づけられた。この文章を読んでくださる皆様もお気づきのことと思うが、井出さんの語りは本当に明快で、

一つひとつの言葉に力があるのだ。

僕は、井出さんに最も気になる質問を投げかけてみた。それは「2030年に学校はあるのか」という問いだ。以前、井出さんが「このまま学校が進化しなければ、2030年には学校が社会から必要とされなくなるかもしれない」と言ったのを聞いて、僕は大きな衝撃を受けた。この本の企画自体も、そんな井出さんの問題提起に大きく影響されて生まれたものだ。だからこそ、いま一度「2030年の学校」について井出さんの意見を聞きたいと、思い切って聞いてみた。しかし、彼の口から出た答えは、僕にとって意外なものだった。

「『2030年に学校はあるか』という命題を考える前に、『2030年に地域社会は存在するか』という議論をしなくちゃいけないね」

その意味が即座にはよくわからず、僕は井出さんの次の言葉を待った。

「私はよく、地域社会を〝海〟に、学校をそこに浮かぶ〝船〟にたとえるんだ。いまの日本では『そこに暮らしている人はいるのだけども、地域社会が機能していない』という状況が増えてきている。人はいるのに『社会』がない……海が枯れたら、船は浮かばなくなってしまう。学校の未来を考えるためには、併せて地域社会の未来、再構築するための施策についても考えていかなくちゃいけないんだ」

学校の先生や児童・生徒だけで学校はつくるものではない――これは、大空小の木村先生も強調していたメッセージだった。

「いいまちはいい学校を育てる。豊かな地域は、豊かな子育て、豊かな教育を提供することができる。学校と地域コミュニティの協働は、杉並の教育政策の一丁目一番地なんだよ」

教育の営みを継承し、発展させる「学校知」

学校に必要な「手放す勇気」

「〝何をやらないか〟を、涙を呑んで決断するのが経営だ」——僕の師匠である一橋大学特任教授の米倉誠一郎先生は、いつもこう言って僕を諭してくれる。そして井出さんも同様に、学校の現状についてこう述べた。

「日本の学校に必要なのは、学校がやらないことを決めて〝手放す勇気〟を持つことだ」

今、学校はいろいろなことを抱えすぎてパンク寸前だ。だから、杉並区では教育委員会が主導して、「これは学校で担わなくていい、これは先生がやらなくてもいい」と、学校と先生がやるべきことの整理と削減を行った。

無駄を省いた先に、学校に残る〝やるべきこと〟とは何だろうか。井出さんはこの問いに対して、いくつかのキーワードを教えてくれた。ひとつは「時間軸上の公共空間」である。

「学校が時間の前後を超えて、さまざまな人がつながる公共空間として作用すれば、昔の遺産を今に生かすことができる。そして同時に、いま持っている資産が未来につながる。学校を時間軸上の公共空間として機能させることが、杉並の推進する『コミュニティ・スクール』の役割なんだ」

僕の出身の都立両国高校では「淡交会」という組織があり、定期的に同窓会を企画している。そこには、僕たちのような10数年前に卒業した人、昨年卒業したばかりの人、50年以上前に卒業した人が、世代を超えて母校に集う。同窓会は、さまざまな人の時間軸が交錯・結合する機会であり、学校が「時間軸上の公共空間」として機能している一例だろう。このような交流が、日常的に生まれるような場づくりができれば、学校は時間を超えた公共空間的存在になると思う。

そして、井出さんは「学校知」というキーワードも提示してくれた。

「学校知、学校文化と言ってもいい。それは地域の学校を中心に、教育という営みを通して培われ、継承・発展してきた知の体系だ。学校や教員の間に貯め込まれ経験知を洗い出し、検証していけば、未来の学校や先生の役割が見えてくる。今後、人工知能が発達して、いま学校や先生が担っている多くのことを、コンピュータに任せる時代がくるかもしれない。けれども、この学校知のマネジメントは人間がしなくてはならない仕事だ。学校知から〝生きる力〟を抽出し、それを子どもたちに受け継いでいくためのスキルは、これからの教師に必要不可欠だよ」

この未来を見据える鋭い視座こそが、僕が惚れ込んだ井出さんの真骨頂なのだ。井出さんはここまでに指摘した流れを踏まえて、2030年の学校現場は「先祖がえり」に向かうのではないかと見立てている。

数年前、米デューク大学の研究者キャシー・デビッドソン氏は「2011年度にアメリカの小学校に入学した子どもたちの65%は、大学卒業時に今は存在していない職業に就くだろう」と発言して話題になった。しかし、人と人とのかかわり合いのなかでこそ生まれる役割は、けっして人工知能には代替できないことだ。外的な要因によって、学校の役割がどんどん削ぎ落とされていった先に残るのは、時間軸上の公共空間であることや、学校知を活用していくことなど、大昔から学校が担ってきた本質的な営みなのだろう。

子どもは先生の生き様を見ている

みなさんは、学校の役割を本当に大事なもの以外、極限まで削ぎ落としていったら、何が残るとお考えだろうか。ひとりの20代の意見として、最近学校現場を回って思っていることを書き留めておきたい。

僕は「子ども一人ひとりの好奇心の方向性を理解、コーディネートし、子どものやる気の発火点、きっかけをつくること」が、学校にしかできないことだと考えている。

今の学校には、〝まだ〟火のついていない子どもたちが多い。そういった子どもに対して、少なくない先生方が「今の子どもたちは主体性に欠けていて新しいチャレンジをしない。覇気がない」

と嘆いている。僕は、そこに大きな理解の隔たりがある気がしてならない。

そう嘆く先生方は、「学びへのトリガー、動機づけ、好奇心の喚起」ができていないことを、子どものせいにしていると感じるのだ。語弊を恐れずに、僕は先生方にこう問いたい。「子どもたちに学ぶ主体性がないのは、先生自身が学ぶ主体性を持っていないからではないか。子どもたちが新しいことに挑戦しないのは、先生自身が新しい挑戦をしないからではないか」と。

先日、高校時代の恩師に再会すると、先生は60歳を超えているにもかかわらず「今から勉強をして、センター試験に挑戦する」という。なぜなら、いま多くの高校生がセンター試験や一般入試をせずに冬前にAO入試などで力を抜いて受験を済ませるという状況を、恩師自らが勉強する姿勢を打ち出して後ろ姿を見せるため、というのだ。僕はこの言葉を聞いて、切実に「負けるもんか」と思った。

米倉先生は、日本中の子どもたちに、常に挑戦する後ろ姿を見せている。僕もこの連載当時、米倉先生とともにパレスチナに向かっていた。壁に囲まれたガザ地区の若者たちに、僕らが考えた教育プログラムを届けるためだ。米倉先生は、僕の提案にアドバイスをくれるばかりか、僕の先を走って「ついて来い」と背中で語ってくれる。果敢に挑戦する大人の背中は、いつだって若者を奮い立たせるのだ。

井出さんの話を聞いて、僕の考える「2030年の学校」のあるべき姿は、より具体的になった。未来の学校では、先生と子どもたちがともに学び合い、好奇心を刺激し合っている。そこに生まれるのは「教える人間と教わる人間」という短絡的なものでない、もっと有機的な関係性だ。そのためには何が必要か。それこそ「先生たち自身が好奇心を忘れない、新たな挑戦を厭わないこと」だと、僕は考えている。そうした先生の後ろ姿を見られることが、どんなにたくさんの言葉で諭されるよりも、子どもたちにとっての大きな成長につながるはずだ。

知の大海を進む「水先案内人」としての先生

インターネットがもたらした、〝知〟への眼差しの変化

ふと、何かの話の流れで井出さんが「昔に比べて、先生が尊敬の対象ではなくなってしまっているね」と言った。

ともに取材をしていたライターの西山がすかさず、「それはどうしてなのでしょうか？」という問いをぶつけた。井出さんは少し考えて、こう答えた。

「子どもたちの想像力が貧弱になり、知に対する憧れがなくなったから、と言えるかもしれない。インターネットを用いれば、〝膨大な知の集積場〟に誰でもいつでも容易にアクセスできる。知りたいと思ったどんな情報も手に入れることができれば、謎を解いたり不可解な事象の全容に触れた

いと思ったりする知的好奇心や想像力も低下する。そうなれば、子どもと知の間を結ぶ媒体としての役割を果たしてきた先生の立場も変化して、かつてのような〝知の体現者〟ではなくなる。先生への敬意や憧れも薄れるよね」

環境の変化が、〝知〟に対する意識を根本から覆《くつがえ》してしまった——これには大きくうなずける。昔は「憧れの〝知の体系〟」を提供するのが、学校であり、先生であった。

しかし、今ではそれが「いつでも誰でも触れられる」ものになった。本来、体系化された知の奥行きは深く、寄せ集め集積されただけの情報とは比べものにならない内容と価値のあるものだ。触れられるだけで、手に入れた気になってしまう……それが、想像力の欠如と言えるのかもしれない。

子どもたちに憧れられる教員に、どうなれるか？

情報化がもたらした「知の大衆化時代」ともいえる現代において、「子どもたちに憧れられる教員」になるには、どうすればいいのだろうか。ここで井出さんがおもしろい話をしてくれた。

井出さんが教員だったころのことである。ある学校の、あるクラスの話だ。そのクラスは「親が東大卒」とか、「中学受験は御三家」といった、プライドも進学意欲も高い子どもたちが少なからずいた。当然、田舎の駅弁大学を卒業した若い教師を見る目は厳しかった。

しかし、井出さんは彼らの尊敬を見事に勝ち得ていた。その理由はきわめてシンプル。「井出先生」が「やたらおもしろかった」からだ。社会科の時間に学校を抜け出して近くの玉川上水の中を歩いたり、屋上から水の入ったバケツをぶら下げて「フーコーの振り子」の実験をやったりしたこともあった。

破天荒なアイデアは、いつも児童たちを楽しませた。「このとんでもない先生は何者だ?」と、ある種の憧れが児童たちには生まれていたのだろう。先日、久しぶりに集まったそのクラスの同級会では、「井出先生、今あんなことやったら教育長をクビにされるよね」と大笑いになったと言う。

その同級会では、井出さんが出した算数の問題も話題になった。「アキレスと亀の話、知ってる?」と井出さんはアリストテレスを気取って、当時の児童たちに問いかけたそうだ。

「アキレスは亀の倍の速さで移動できるとします。アキレスと亀が競走したらアキレスが勝つに決まってるよね。じゃあ、『亀がアキレスより前にいて、アキレスの動いた距離の半分だけ移動できる』としたらアキレスは亀に追いつける?」

こんな問いかけに児童たちは「追いつけるよ! 先生。簡単だよ、旅人算でしょ」と答えた。

「両方の間の距離を速さの差で割ればいいんだよ」

「本当に? だってアキレスの走った分の半分だけ亀は先に行っているんだよ?」

子どもたちを挑発する井出さん。腕(頭)に覚えのある秀才たちを無限ループに追い込んだ。わからずじまいの彼らは、通っていた塾の先生たちにもこの問題について聞いてみた。しかし、それでも答えはわからない。翌日、「こんなの無理だよ。塾の先生ができないって言ったよ」と泣きついてくる児童たちに向かって、井出さんは「塾の先生も、大したことないなあ」とおどけた。

「このレースのポイントは〝時間〟だよ。時間が連続してないからアキレスは絶対亀に追いつけないんだよ。だって、一回ごとに亀はアキレスが動いた距離の半分だけ前に進むんだから、何回やっても前の半分は残るわけだ。これは〝ゼノンのパラドックス〟っていうんだよ」

この問答に、当時はぐうの音も出なかった児童たち。同級会の場で話が出るくらいだから、よほど印象に残っているのだろう。こうした経験から、井出さんは次のように話を続ける。

「教科書に書いてあることをそのまま教えるだけなら、それほどむずかしいことではない。〝先生〟は、その背景にある理論や関連の情報も知っていなくてはならない。知的好奇心をくすぐり、〝知の大海〟を行く子どもたちの〝水先案内人〟であってほしいね」

かかわり、つながる「2030年の学校」へ

貧困と、争いをなくすカギこそが「教育」

いよいよ話は、根本的な〝教育の目的〟に及んでいった。井出さんは言う。

「人類がいまだに解決できていない大きな命題が二つある。一つは、この世界から貧困をなくすこ

と。もう一つは、国と国、異なる宗教や文化の間の争いをなくすこと。この二つの命題を解く重要な鍵は『教育』なんだ」

このメッセージは、井出さんが杉並区の小・中学校の卒業式で卒業生に贈る言葉でもあるそうだ。人類の未来を支える子どもたちに強い期待と願いをこめて、これらの言葉を贈るのだと。「なぜ学ぶのか」と問われたとき、いろいろな答えがあるのは当然だが、「人類が、いつか貧困と争いがなくなる日を迎えるために」というのは、なんと壮大でしびれる答えではないか。みなさんは子どもたちから「なんで勉強するの？」と問われたとき、どんな答え方をしているだろうか。

20代で焦るな。挑戦し、浪費し、じっくり力を貯めろ

そして僕は、自分の人生相談を「若い世代の悩み」という体裁で、何食わぬ顔をして井出さんにぶつけてみた。

「なぜ僕たちの世代は覇気がなく、新しい挑戦に臆病だと言われるのでしょうか？　なぜＳＮＳなどで『友だち』にみせびらかすための『わかりやすい成功』を性急に追い求めてしまいがちになるのでしょうか？」

この問いに対する、井出さんの答えは明確だった。

「君たちの世代ができるだけレールから外れないようにしたり、安定したキャリアやわかりやすい

成功、他人からの承認を追い求めるようになったのは、君たちだけに問題があるわけではなくて、これまで私たちが担ってきた教育や世間のありようにも責任があるだろうね」

井出さんは、さらに続ける。

「僕たちの世代が若いころの日本には、社会の側にも若者の側にも脱線や寄り道を許容する〝余裕〟があった。若者は学生運動で政府に抗議したり、世界を相手に『革命を起こしてやる』と咆哮する気概もあった。蛮勇と言った方がいいかな。もっとも彼らも最後には挫折し、社会と妥協して折り合いをつけていったけどね（笑）。しかし、今の世間はどうだろう。僕たちの時代に比べると〝異端〟や〝異質〟であることに対して、格段に不寛容な社会になってる。無駄のない『即戦力となる人材』ばかり求められたり、異端を許容しない社会的な圧力のようなものがあって、それが大学教育や小・中・高の教育に影響を与えているとしたら好ましいことではない。今のように若者が縮こまって挑戦に臆病になってしまうのは社会的な損失であり、このままでは社会全体がやせ細ってしまう恐れがある」

僕は井出さんの話に相槌を打ちながら、以前フェイスブックで僕の当時24歳の友人Aが投稿していた印象的なコメントを紹介した。Aは「24歳の誕生日を迎えてしまったが、僕はまだこの人生で何も成し遂げることができなかった。焦っている」と吐露していた。焦っているなら、まずは行動してみればいいのに、失敗や挫折など泥臭いことは避け、スマートに成功へのステップを駆け上がっていく者こそが〝人生の勝者〟だ――そんな刷り込みが、僕ら世代を挑戦から遠ざけているのではないか。Aの投稿を見て、僕がそう感じたとを話すと、井出節が爆発した。

「ここからは私の持論だけど、20代の頃は君のように、時間・エネルギー・お金をどんどん〝浪費〟していい。効率よく正解を求めて小さくまとまっちゃいけない。だから、『こんなことはレールから外れるから』とか、『キャリアの役に立たないから』などと自己規制しないで、どんなことでも挑戦していけばいい。その〝浪費〟した経験は、もしかしたらほんの一部しか、その後の人生に役立たないかもしれない。でも、それでいいんだ」

それから話の矛先は、主語のすり替えを見破られたかのように、僕自身に向けられた。

「税所くんも、27歳の今から10年間、焦らずじっくり力を貯めなさい。そして30半ばで、一回目の大勝負をしたらどうだろう。それは簡単に成功しないだろうし、たぶん大きな挫折を味わう可能性の方が高いと思う。しかし、それでいい。そこから捲土重来だよ。また10年間、しっかりと力を貯めて、40半ばで再度勝負をしかける。それで成功したって40代。まだまだ早すぎるくらいだよ(笑)。世界を相手にするなら、そのくらい腹を据えなければ。いいかい、人生の早い段階で成功してしまうのは、必ずしもいいことだけではない。早く成功するということは、その分早く成功の賞味期限が終わる可能性もあるんだよ。そのあたりを踏まえて、今の若い人たちにはどっしりと挑戦してほしいね」

井出さんの直言に、僕は圧倒された。圧倒されながら、圧倒的な勇気をもらった。

萌芽更新、時代の当事者は若い世代

それから、僕はこんな質問も井出さんに投げかけてみた。

「50代のベテラン教員から若手への急激な世代交代が進んでいる現状で、この多様な課題を抱える学校教育を、先生方は支えきれるのでしょうか。井出さんの信念である〝萌芽更新〟は、杉並区のなかではどのように実現できるのでしょうか」

井出さんの答えは、これまたしびれるものだった。

「私はそのことに関しては、まったく心配してはいないんだ。萌芽更新の言葉どおり、古い樹はばっさり倒されればいい。残された株から新たな芽が出て来る。今の学校が直面している多種多様な課題は、50代以上の教職員が経験したことのないものも少なくない。私たちの世代はそういった未知の課題と遭遇し、対応策を考えるのに追われてきた。しかし、君たち若い世代は課題の当事者であり、出合い方も捉え方もわれわれとは違う。だからこそ、私たちには思いつかない方法で、新しい課題をうまく解決していけるのだと信じているよ」

教育業界のなかでも、バトンは新しい世代に託されつつある。新しい「時間軸上の公共空間」への移行だ。これからは、新旧の世代が交わり、その地域に住むすべての人たちが関係者・当事者として学校づくりに参加していく時代だ。そのなかで自分は何ができるのか、「かかわり」と「つながり」を求めて、「2030年の学校」を模索し続けていきたい。

2030年の学校に必要なリーダー像

学校は「組織」から「チーム」へ

話のテーマは、井出さんがいま取り組んでいる「チーム学校」に移っていった。教育業界の初心者である僕に、井出さんは「組織としての学校」の考え方や、「チームとしての学校」の必要性など、初歩から順を追って語ってくれた。

「学校は、校長先生を頂点とするヒエラルキーを持つ教員組織だ。これまで学校は時代の変化や社会の要請によって新しく生まれてきた課題に対して、現有の先生たちの能力を研修などで開発し、〝多能化〟することで対応してきた。けれども、学校が対応しなければならない問題がさらに複雑化・多様化してきた今日、教師の専門性を超える課題も多くなり、多能化だけでは対応しきれなくなった」

先生方の忙しさは極限にまで達している。従来型の学校のあり方自体に、もう限界が来ている……だからこそ今、学校のシステムそのものの〝多様化〟が求められているのだ。そこで生まれたのが「チーム学校」の構想だ。

井出さんは「チーム学校」は、「組織」という文字をカタカナの「チーム」に置き換えたものではなく、これまでの「学校観」を根本的に転換するものでなくてはならないと言う。教職員だけで学校組織を完結させないで、地域の住民等外部の人々の参画を求め、構成員として積極的に取り込んでいく。学校という組織の構成を多様化させて、課題対応力を高めていくのだ。

同質管理から、多様性をエネルギーに変える時代に

そして、「チーム学校」において必要とされるリーダー像について、井出さんはこう語った。

「今までの組織学校に求められてきたマネジメントは、いわば〝同質管理〟。構成員のほとんどは『大学を卒業し、教員免許を持ち、子どもたちに勉強を教えることを生業とする』といった、似たようなステータスを持っている。彼らをまとめるには、同じような教員出身のリーダーが最適だったと思う。しかし、チーム学校に必要なマネジメントは、教員系と非教員系のハイブリット組織の〝異質管理〟だ。学校特有の慣習や価値観などを業界外のメンバーにもわかるように伝える能力や、異質な組み合わせによる摩擦や衝突を正のエネルギーに変え、互いの力をうまく引き出すことが重要になってくる。つまり、チーム学校には従来の教員的なリーダーだけでなく、新しいリーダーも求められているんだよ」

多様化を取り込める土壌と、それを耕せるリーダー。これらは、2030年に生き残る学校に欠かせない要素だと、僕は相槌を打ちながら感じていた。しかし、時代に即した新しい資質を持つリーダーは、これからの学校に自然と現れてくるものなのだろうか。そんな懸念をぶつけると、意

外にも井出さんは「何ら不安を抱いていない」と答えた。

「私たち〝旧世代〟の人間は、次々に出現する新しい技術や課題に知識や方法の更新を迫られ、ついていけなくて困惑したり、理解できなくてうろたえたりすることも多かった。一方、君たち〝新世代〟は、技術の進歩や時代の変化のなかで生まれ、それらが当たり前の世の中に育ってきている。だからこそ、多様性に親しみがあるし、新しい課題を解決できるポテンシャルも持っている。君たち世代なら、チーム学校のリーダーを担えるはずだよ」

僕たち世代が受け継ぐべきもの、そして新たに担っていくべき役割が、井出さんの話から、少しずつ明確になってきた。井出さんの言葉は、いつも僕に前向きな勇気とビジョンをくれる。

学校は〝学びの循環装置〟

井出さんの話を締めくくる前に、彼の信念と哲学を振り返っておきたい。井出さんが教育長として一番大事にしてきた考え……それは「いいまちは、いい学校を育てる」というものだ。この言葉を聞いて「そんなの当たり前だ」と思う方もいるかもしれない。しかし、この「当たり前」を実現するのが、どれほどむずかしいことか。

井出さんは教育長として、杉並区の教育をあるべき「当たり前」の状態に近づけるために、10年以上の歳月を費やして、粘り強く変革を遂げてきた。だからこそ、井出さんの言葉には、圧倒的な厚みがある。

「いいまち」とは、どんな「まち」だろうか。都市部では町内はおろか、隣人との交流もない生活をしている人も多いだろう。地域の人間関係の希薄化が問題になっている。『サザエさん』で見られるような「日常的なご近所づきあい」はここ数十年でずいぶん減ってきたように感じている。

僕は小学校に入って間もない頃、都内の「団地」に住んでいた。お隣さん家族との交流があって、つくりすぎたおかずのおすそ分けも、しょっちゅうしていた。そこには、サザエさん的な日常がまだ残っていたのだ。しかし、そんな古きよきご近所づきあいは、団地からマンションへ引っ越してから、パタリと消えてしまった。

今や、地域社会との交流を積極的に避ける人もいる時代だ。そんな逆境にもめげずに、井出さんたち杉並の教育チームは「地域のつながりとかかわりの復活」を目標に掲げて、住民に働きかけ続けてきたのだ。

「『学校づくりはまちづくり』でもあるんだよ」と井出さんは、地域社会と学校の関連性について、次のように話してくれた。

「繰り返しになるけど、地域を海とすれば、学校はそこに浮かぶ船だ。豊饒な海、つまり豊かな地域の力が学校を支え、子どもたちを育てるんだ。その子どもが大人になったときに、地域の一員として自分の学びの成果を次の世代に伝え、子どもたちを育てる。そうした〝学びの循環〟が『まちづくり』につながるんだ。『地域のつながりとかかわりの復活』を目指して、大人も子どもも『地域社会の当事者』だという意識を育んでいくことが大切なんだよ。学校は〝学びの循環装置〟であるべきだからね」

学びの循環装置――それは、かけがえのない地域の、国の財産だろう。「組織学校」が「チーム学校」に変革し、学びの循環装置として機能するようになれば、きっとその学校は10年後も、100年後も、たくさんの人々に愛され支えられ、生き続けられるはずだ。

そして、新たなテーマへ

大空小学校の木村先生からは、ひとつの学校を児童・教職員・家庭・地域の人が一体となってつくりあげ、みんなで学び合い、成長し続ける学校像を学んだ。

杉並区の井出教育長からは、「学校という船は地域という海に浮かんでいる」ということ、地域の力を取り込んで進化し続ける学校と地域のあり方を学んだ。

僕が大尊敬する二人のリーダーに注目することで、2030年の学校づくりにおける担い手、つまりは学校の〝根っこ〟についての考察を深めた。そろそろ、足元が固まってきたように思う。

次は、僕たち若手が夢を抱いてやまない「新しいテクノロジーを生かした学校づくり」について考えていきたい。このテーマについて聞くならば、おあつらえ向きの人がいる。今まさに、テクノロジーを存分に駆使した学校づくりの真っ最中にいる、あの学校に行ってみよう。

学びnote

- いい学校は、いい地域なくして成りたたない！　たとえるなら、地域社会は「海」で、学校はそこに浮かぶ「船」。

- 学校は「時間軸上の公共空間」である。過去の知の遺産を今に生かし、今の知の資産を未来につなげる場。

- 先生たるもの、知の大海を行く子どもたちの水先案内人であれ！

- 20代で焦るな！　挑戦し、浪費し、じっくり力をためろ！

- 学校は「地域の学びの循環装置」。学校づくりとは、まちづくりでもある。

第3章

N高の挑戦

N高のVR入学式

「教育のあるべき姿」を取り戻せ

「オタクたちのための学校」じゃない

インターネットは今や、なくてはならない日常のインフラとなった。家のパソコン、携帯電話、スマートフォンと、日進月歩するテクノロジーに、僕らは大きな影響を受けてきた。新しい技術によってもたらされるライフスタイルの変化は、光と影の両方を投げかけてきた。

そんななかで、インターネットの強みを生かした新しい学校の形を目指す学校が、2016年4月に立ち上がった。その名も「N高等学校（N高）」。学校法人の角川ドワンゴ学園が主体となって立ち上げられたこの学校は、沖縄県うるま市に所在している通信制の私立高校だ。

みなさんは「ニコニコ動画」という若者に人気のインターネット共有動画サイトをご存知だろうか。ドワンゴは「ニコニコ動画」などを擁するエンターテインメントに強みを持った企業だ。N高の学生は、どこでも好きなときにインターネット上で授業を受けることができ、年に5日間程度の登校でレポートなどを提出することで高校卒業の資格を得ることができると言う。

心ない人たちは、N高を「オタクたちのための学校だろう」と揶揄する。そんなことはない。提供するカリキュラムのなかには、イカ釣りや狩猟、農業体験など、地方自治体と連携した課外授業も用意されている。ただ単にITに強いだけではなく、卒業後に地域の活性化にも寄与できる人材を育てていこうとしている。

このN高のブレーンの一人であり、理事として名を連ねているのが、夏野剛さんだ。夏野さんは慶應義塾大学で特別招聘教授として教えながら、さまざまな企業の外部取締役を務めているスーパーマンである。ドコモのiモード立ち上げの主要メンバーとしても知られている。そして、2010年に僕がバングラデシュでe-Educationを立ち上げたときから、今でもずっと応援してくれている心強いメンターの一人だ。

N高誕生のニュースを聞いた際、僕はなんともエラそうに「2030年を見据えて仕掛け始めたライバルであり同志が現れた！」と感じた。それと同時に、インターネットの光と影を知悉する企業が、インターネットをフル活用して、どんな学校をつくりだそうとしているのか好奇心が掻き立てられた。そこにはきっと、この本で追い求めている「2030年の学校像」のヒントがあると直感したのだ。僕はさっそくN高の挑戦を聞き、新しい学校像を議論するために夏野さんを訪ねることにした。

「誰のための教育なのか」、今こそ目的に立ち戻るとき

株式会社ドワンゴの本社は、東銀座の歌舞伎座に隣接する高層オフィスビル・歌舞伎座タワーにある。清潔感のあるオフィスの壁を、ニコニコ動画の番組PRを流すモニターや新企画のポスター

が賑わせていた。正直な気持ちを言えば、ここが学校を立ち上げの母体となった事業会社だとは、とても想像ができない。

予定時間ぴったりにやってきた夏野さんと、まずは久しぶりの再会を喜んだ。パリっとしたスーツを着こなした夏野さんと、グッと手を握り交わす。早速、この取材の趣旨を伝えると、夏野さんは開口一番にこう言った。

「2030年の学校づくりか。ちょうどよい時期を選びましたね。なぜかというと、インターネットやスマートフォンと一緒に育った世代の先生たちが、そうでない世代と交代するタイミングでしょう」

いきなり夏野さんは本質に入っていく。確かに日々、日本の高校を講演してまわっていると、スマホを身体の一部のように使いこなす20代、30代の先生たちと、40代以上の先生たちとの間では、インターネットへの考え方が大きく違っている。

夏野さんは、ビジネスのプロフェッショナルらしく、ズバズバと核心へと切り込んでいく。

「2030年の教育はどうあるべきか……と言うと、『本来あるべき教育の姿を取り戻すこと』が大事だと思ってます。それは『誰のための教育なのか』ということが明確になっている教育。つまり、教える側の都合に合わせた教育ではなく、受け手である子どもたちのことを第一に考えた教育を、これから私たちは取り戻さないといけない」

子どもたちのための教育——言葉にすれば当たり前のことだが、「これが現実では十分に実現できていない」と、夏野さんは言葉をつなげる。

「文部科学省の学習指導要領を見ればわかるように、現行の教育制度は『最低限レベルの一律の教育を全国津々浦々に保証しましょう』というシステムと言える。これは、戦後から高度成長期には非常に有効に機能してきたシステムだ。しかし、時代はＩＴの到来を迎えて、社会はあの頃から信じられないほど様変わりした。にもかかわらず、現在の教育システムはまったく時代の変化に対応していないんだよ」

なぜ教育システムが時代についていかないのか。その問題の根本に「日々の業務に忙殺されて、変化に対応する時間がない先生たちの存在がある」と、夏野さんは指摘する。

「教育システムが受け手である子どもたちに最適化しないのは、教え手の大人たちが日々の業務に追われていて時代の変化についていけないからかもしれません。変化と向き合う機会、時間、余裕がなさすぎる。先生方の仕事場がＩＴ化せずに、きわめて膨大な事務仕事を抱えながら、授業づくりを行っている現状では時代にあった変化などできるわけがありません。これは教育のシステムの決定的な欠陥かもしれないですね」

夏野さんとの議論は開始早々、本質を深堀りしていく。

多様な人間性に、多様なまま対応できる教育

教育現場のＩＴ化が進まないのは、〝教育する側〟の都合

「〝教育はそもそも誰のためのものなのか〟という視点こそが、２０３０年の学校を考えるうえでは不可欠だ」と熱弁する夏野さんに対して、僕はふと、素朴な疑問をぶつけてみた。彼はドコモのｉモード普及の立役者であり、その後もビジネス界でその辣腕を振るってきた方だ。そんな人がなぜ今、ここまで〝教育〟にパッションを持つようになったのだろうか。僕の問いかけに対して、夏野さんは「やっぱり、僕自身に子どもができたことが大きいでしょうね」と、優しい口調で答えてくれた。

「子どもが学校に通うようになってから『ああ、教育って変わらなきゃいけないな、変えないといけないんだな』と、切実に思うようになりました。たとえば、うちの子どもが小学3年のとき、算数のテストで『1.7＋0.3＝』という設問に『2.0』と回答したら、△で減点されていたんです。理由は『小数点以下のゼロを消していないから』。つまり、教科書どおりのやり方ではなかったから。本人は納得できず、ショックを受けていました」

自分の子どもを通してうかがい知れる教育の現状に、夏野さんは徐々に疑問を持つようになったと言う。

「僕は、〝試験のための勉強〟詰め込み型の教育〟というものに、意味があると思えなくて。自分の脳のフォーマット、時間の使い方、さらにはライフスタイルをすべて最適化すれば、試験はクリアできるもの。その最たるものは、受験ですよね。けれども、それは〝試験〟という手段が必要になった人間がやればいいこと。多感な時期の子どもにそれをやらせるのは、非常にもったいないことだと感じています」

現在、「教育を変えなければならない」と思い、行動を起こしているプレイヤーはたくさんいる。しかし、なかなか変わらない、変わるスピードが遅いのが現状だ。なぜ、問題は明確なのに、現場は解決に向かって積極的に動けていないのだろうか。

「本来、教育システムというのは〝教育を受ける側〟にとって最適化されなければいけないもの。ただ、長い年月を経て〝教育をする側〟のための仕組みになっている部分が少なくない。顕著なのは、教育現場のＩＴ化ですよね。生徒たちはすぐに適応できるはずなのに、それでもＩＴ化が進まないのは、先生たち側がそれに抵抗感を覚えているからです」

夏野さんはこうした〝教育する側〟の都合でアップデートが進んでいない教育システムの事例をいくつかあげながら、現状のシステムをより〝教育を受ける側〟のためのシステムに近づけていくことが、２０３０年の学校をつくるうえで避けて通れない課題だと指摘する。

「20世紀に整えられた教育は、向き不向きや興味の有無に関係なく、子どもたちに一律の知識を教え込むことに最適化していました。もちろん、それが間違っているわけではなく、当時は必要だったシステムです。しかし、今の時代に求められているのは『多様な人間性に、多様なまま対応できる教育』なんです。これからの教育システムは、知識を教え込むのではなく、子どもたちが自分にとっての適性を発見し、それを伸ばしていけるように、多様な学びが用意されたプラットフォームを提供するべきだと考えています」

これから必要なのは、課題を見つける感受性

Ｎ高には、夏野さんの考える「２０３０年の学校」のビジョンが色濃く反映されている。Ｎ高の運営に協力しているＫＡＤＯＫＡＷＡとドワンゴは、今を生きる若者に寄り添ってきた。ドワンゴが運営してきたプラットフォーム『ニコニコ動画』には、とても優れた音楽をつくったり、すごい絵を描いたりと、才能あふれる子どもたちが大勢いる。ＫＡＤＯＫＡＷＡも、ライトノベルなどのジャンルで、時代に求められる新しい若き才能を発掘してきた。

しかし、こうした〝スポットライトの当たる才能〟を持った子どもたちのなかには、「学校で居場所がなく、不登校になっていました」と語る子も少なくないそうだ。「今の教育システムは、『中・高生でもＶＯＣＡＬＯＩＤ《ボーカロイド》で作曲をして、年収1千万を稼ぐことができる』という現実、それを可能にする才能に対応できていない」と、夏野さんも警鐘を鳴らす。

従来の学校教育では伸ばし切れない才能を救い、伸ばすための場所として立ち上がったＮ高。開

校して1年足らずで2千人以上の生徒を集め、現在1万人以上が在籍している。当時はネットコースのみだったが、2017年4月から東京と大阪で通学コース（週5、週3、週1の3コース）がスタートし、2020年4月からは、さらに6つの新キャンパスが開校。全国で19キャンパスに拡がる予定だ。

実際の学校のカリキュラムや生徒たちの様子はこの後綴っていくが、最後に夏野さんに聞いてみたい質問があった。「グローバル人材」や「アクティブ・ラーニング」など横文字の教育ワードが一気に増えた近年、教育のあり方自体も多様化してきた。夏野さんにとって、「いま、子どもたちに一番つけてほしい力」とは、何なのだろうか。これに対して、夏野さんは「自分の考えを持つための感受性」だと答えてくれた。

「いま社会でどんな問題が起こって、どんな人が困っているのかを察知する感受性。これは、もう少し実用寄りの表現をすると〝課題発見能力〟と訳してもいいかもしれませんね。ビジネスにせよ、社会貢献にせよ、『課題がどこにあるか』を把握することなしに、解決策は導けない。これからの時代に求められているのは、知識として『解決するプロセス』をたくさん知っていることではなく、『何が課題なのかを見出す感受性』です」

僕はこの夏野さんのシンプルかつ本質的な言及にしびれつつ、茨木のり子さんの詩の一節にあった「自分の感受性くらい　自分で守れ　ばかものよ」というフレーズを思い出していた。

学校の概念を拡張するN高の授業、教室のあり方

ここまで読んだ読者のみなさんなら「じゃあ、実際にドワンゴのようなインターネット企業が、どんな学校を立ち上げたのか?」と疑問が湧いてきたことだろう。

続いて僕たち取材チームは、N高の副校長を務める上木原さんに、N高の仕組みと実態についてのインタビューを試みた。そこから、N高が目指す、そして現在進行形で具現化している〝未来の新しい学校像〟の数々が明るみになる。

スマホやパソコンを活用した授業

副校長の上木原さんは、1995年から長い間チョークを持って学習塾で授業をしてきた、たたき上げの塾講師だ。そのキャリアから、開校前のN高の立ち上げに加わった。みなさんは覚えているだろうか。2016年の4月、メディアのニュースをさらったN高の入学式のユニークさを。「ネット時代に生まれた新しい高校のはじまりです」と、奥平博一校長が沖縄の伊計島の本校で、あいさつに立った。しかし、目の前の校庭には誰もいない。入学生たちは遠く離れた東京のホールで、ゴーグル型のVR(仮想現実)機器を被っている。そこには、リアル感あふれる沖縄の光景が映し出されているのだ。

会場の壁は全面スクリーンと化し、遠方で参加できない入学生たちのコメントが流れ続ける〝ニコニコ動画仕様〟になっている。SF感のあふれるテクノロジーを活用した入学式の様子は、生徒たちや集まった報道陣たちの心を躍らせた。

N高の第1期生には、全国から約1、500人が集まった。生徒の年齢層は、15歳〜86歳と幅広い。実際の授業のスタイルはどうなっているのだろう。生徒たちは、スマホやパソコンを活用して授業を受講する。生配信で、先生が質問したり、その問題に答えたりと、教室同様に双方向のコミュニケーションが実現する授業もある。

この点は、東進ハイスクールなどの映像授業との大きな違いだろう。N高では生徒がスマホで自分の答案を撮影して先生に送り、すぐに添削を受けることも可能だ。先生は、送付された答案を実況中継で添削していく。いまやテレビ番組でも、視聴者の声やアンケートの結果が生中継に反映される時代だ。N高はそのスタイルを、ニコニコ動画で培った技術力を生かして、有効に取り入れている。

そして、「若者カルチャー」に精通したKADOKAWAの強みを最大限生かした授業も、多数用意されている。『人間の証明』などの著作で有名な森村誠一さんなど、一線で活躍する作家陣が講師になり、小説の書き方をレクチャーする講座が設けられている。ほかにも、アニメーション制作やイラストの作法、ボカロの作曲、プログラミングやアプリ開発など、「将来の仕事につながる教育」を提供するため、多彩な授業が用意されている。

「N高で初めて友だちができた」

さらに、従来の通信制高校より一歩踏み込んだかたちで「友だちづくりの機会を増やすこと」にも、N高は挑戦している。N高の生徒たちは、ビジネスシーンでも活用されることの多い「Slack《スラック》」という情報共有ツールで、さまざまな交流を図る。全国に散らばっている生徒たちは毎日、Slack上に決められた時間に集合し、沖縄にいる担任の先生の号令で、ホームルームを行うのだ。ホームルームでやることは、生徒たちのレポートの進捗状況をシェアしたり、自分の好きな本を紹介し合ったりと、その内容は担任の先生に任されている。

ホームルーム以外にも、生徒たちは興味の共通するメンバーと新たなスレッドを立てて、積極的にコミュニケーションをとっている。リアルな学校には上手になじめなかった子が、N高で初めて友だちと呼べる存在ができて「友だちっていいなと思えた」と言った……なんてエピソードも耳にした。不登校の経験を持つ生徒も少なくないN高の生徒たちにとって、お互いの好きなことや趣味をオープンに語り合えるネット上の教室は、「楽しい学校生活を送るための欠かせない場所」になっているのだ。

沖縄本校に目を移してみよう。そこには校長先生と、約30人のクラス担任の先生が勤務している。N高における担任の先生たちの役割は明確だ。彼らは年5日程度のスクーリング以外では授業をしない。オンラインでの授業を受け持つのは、予備校などで手腕を振るってきた、〝教える〟プロたちである。

その代わり、クラス担任は生徒たちが充実した学校生活を送るためのサポートに徹している。先ほどのホームルームの運営はもちろん、各生徒のレポートの進捗管理も重要な仕事のひとつだ。しっかりと提出期限のスケジュールをつくり、それを守れるようにきめ細かにフォローをする。驚くことに、100人いるクラスの生徒たち全員に、電話での面談も行っている。

N高のクラス担任のなかには、もともと普通高校で教鞭を執っていた方もいる。上木原さんは彼らに「実際にリアルで子どもと会うことがなくなったら、子どもと距離を感じるのではないか」と聞いたことがあるそうだ。

その問いに対して彼らからは「いや、むしろ生徒と話をする量は増えているし、距離感も近いと思います」という答えが返ってきたという。授業は受け持たず、部活の顧問もやらない。分業とIT化によって、教育システムの効率化も図れている。だからこそ、N高のクラス担任は一人ひとりの生徒たちとじっくり向き合うことに、大幅に時間を割くことができているのだ。僕たち取材チームは、「こんなユニークな学校は聞いたことがない」と度胆を抜かれた。

通信制高校が、選択肢の一つになる可能性

２０１７年４月５日、N高の第２回入学式が六本木ニコファーレで行われ、僕ら取材チームは取材を試みた。

N高は開校して２年目となるこの年、およそ２千名の新入生を迎え入れた。N高の入学式は「ネット入学式」として行われ、自宅や通学コース校舎からニコニコ生放送で参加する。そして新入生のうち抽選で選ばれた約70名が、このニコファーレで行われたリアルの入学式に出席した。

会場に入り、押し寄せる報道陣の一角に潜り込むと、ほどなくして新入生たちが入場してきた。彼らはその頭に、MR（複合現実）メディアのHoloLens《ホロレンズ》を装着している。校長挨拶の際には、HoloLens越しにステージを見ると、沖縄・伊計島の本校にいる奥平校長の姿が、まるでニコファーレの壇上に立っているかのように語りかけてくる。

今回の入学式では、ビッグなサプライズもあった。特別来賓祝辞としてHoloLens越しに登場したのは、前ウルグアイ大統領であり、〝世界で一番貧しい大統領〟との呼び名で世界的に愛されている、ホセ・ムヒカさんだった。「どれくらいの高校生が、ホセ・ムヒカを知っているのだろう……」というツッコミはさておき、ここまでユニークな入学式は日本広しと言えども、そうないだろうと感じる。うがった見方をすると、「どうしてここまで派手な演出をするの？」という指摘も出てきそうな気がする。

そこには、確固たる理由がある。N高が随所にエンターテインメント性を重視する背景には、「日本ではポジティブに捉えられることが少ない〝通信制高校〟のイメージを一新したい」という、N高の熱い想いがあるからだ。

通信制高校が持たれがちな、マイナスイメージを払拭したい

上木原さんは、海外と日本の通信教育の捉え方の違いについて、僕たちに説明してくれた。

「アメリカを中心とした諸外国では、インターネットやコンピュータを活用したオンラインの学校は、これからの教育のメインストリームのひとつと考えられています。一方で日本では、〝通信制高校〟と聞くと『リアルの学校でなじめなかった子たちが行くところ』というマイナスイメージを持っている人も多いのが現状です。リアルな学校とは異なるメリットを持つ通信制高校が、このままネガティブなイメージを抱え続けていくことは、日本の教育が世界に遅れをとる一因になるのではないか……とも感じているんです。

通信制高校が現代の社会に最適化され、これからの教育の選択肢の一つになる可能性だって持っていると、私たちは考えています。『全日制に行く生徒も志望校にしたいと思える高校をつくろう』『ネット時代の未来を切り拓くリーダーを育てよう』という目標を、N高の立ち上げから今に至るまで、ずっと持ち続けています」

たしかに、企業が盛んに「働き方」改革を謳う昨今、自宅や近場のカフェで働く〝リモートワーク〟などが一種の多様性として迎えられている時代だ。時代の流れを考えれば、「学び舎」や「学び方」についても、新しい存在や概念が、もっと温かく受け入れられてもおかしくないはずだ。

全日制の高校に〝通う〟ということは、授業や学校行事、登下校の時間など『自分の自由にできる時間』や『本当に自分が突き詰めたいことへの時間』に制限がかかってしまうことでもある。通信制高校の仕組みを活用することで、自分の興味・関心を突き詰められる、魅力的なカリキュラムを組めるのではないか……そんな思いがN高の構想の原点にあると、上木原さんは語る。

「さかのぼると、通信制高校は戦後『勤労学生が時間を効率的に使って高校卒業資格をとれるように』という目的からできた教育機関です。その後1990年代ごろから『全日制の高校になじめなかったから、通信制高校で高卒資格をとる』という生徒が増えてきました。彼らの多くは、『普通の高校生になれなかった』というコンプレックスを抱えたまま、高校生活を送ります。一方で、『平均的な普通の高校生になること』だけが、これからの社会で本当に求められていることでしょうか。ひょっとすると、その生徒のなかの得意なこと、これだったら負けないと思える分野に特化してやりたい勉強に突き抜けていった方が、その後の人生を豊かに生きていける可能性は大いにある。学習における多様な選択肢を、N高は生徒たちに提示したいのです」

プログラミングは、日本語や英語と並ぶ「新しい言語」

N高のカリキュラムのなかには、一般的な高校ではなかなか学べないプログラミングを、専門的かつ実践的に学べる講座が用意されている。プログラミングについて、N高では「デジタル時代の〝新しい言語〟」と捉えているそうだ。

「これからの時代、同僚の半分以上が〝機械〟になる時代がくるかもしれません。その同僚と『会話』するためには、彼らの言語であるプログラミングの理解が必要になってきます。同僚の調子が悪いときに、その不調の理由を突き止めて解決しなければ、業務が滞ってしまいますよね。これからの労働環境を想像すると、基礎的なプログラミングの力は〝損《そん》はない〟の域を越えて、不可欠なスキルになってくるのではないか、とN高では考えています」

最低限〝機械と会話できる力〟を持っておかないと、今後働くうえでは「コミュ力がない」というハンデになってしまう可能性がある――こうした想定から、プログラミングを新たな「言語習得」と考えるのは、IT企業ドワンゴを運営主体に持つ、ユニークなN高らしさと言えるだろう。プログラミングの習得コースは、今後もドワンゴのプログラマーチームが持続的に開発し、続々とアップデートされていくとのこと。「通信制だから○○ができない」ではなく、「N高でしかできない」という好例のひとつだろう。

15万人の目に触れる!?　N高の文化祭

N校の魅力を語る際に欠かせないのが、年に一度の大舞台である文化祭だ。副校長の上木原さんから「N高の文化祭は、ニコニコ超会議の場を借りて開催します」と初めて聞いたとき、僕はたいへん驚いた。

ニコニコ超会議——なんともユニークな響きのこの催しは、動画投稿プラットフォーム「ニコニコ動画」の運営元、ドワンゴが主催する一大イベントだ。「ニコニコ動画のすべてを地上に再現する」というコンセプトの参加型イベントである。2012年にスタートした「ニコニコ超会議」は、初回開催から10万人近くの参加者を集め、その模様はネット上でも公開され、視聴者は延べ300万人を超えた。2017年4月に催行された「ニコニコ超会議2017」では、会場来場者数が15万人を突破したという。大物芸能人や都知事のトークショー、音楽ライブ、歌舞伎や相撲の興行などステージは多岐にわたる。コスプレの衣装に身を包んで来場するお客さんも少なくない。日本の今を支えるカルチャーが一同に集結する、まさにお化け級のイベントだ。

主体的に企画する生徒たち、自分の成長を実感できる場

この「ニコニコ超会議」の一角に陣取って、「N高等学校・文化祭2017」と銘打ち、自分た

ちで企画したお店やイベントを切り盛りする。N高生たちは前年の9月に文化祭実行委員を立ち上げ、半年以上かけて準備をしてきた。

僕ら取材チームは、「文化祭」の様子をうかがいに、会場である幕張メッセに足を運んだ。目玉企画のひとつである「超学級会」では、ステージ上で「N高をよりよい学校にしていくために」というテーマで、生徒4人と先生3人による丁々発止のやりとりが展開されていた。沖縄本校から駆けつけた奥平校長がジョークで場をなごませるシーンもあり、N高生たちと先生方のフラットな関係が垣間見られた。

見学したなかで最も印象に残ったのは、元日本代表のサッカー選手・秋田豊選手を招いた、サッカーゲームの実況中継ショーだった。司会進行を務めていたのは、N高2年生の女子生徒だ。彼女はたくさんの見知らぬ観客を前に、そして元日本代表選手を横にして、堂々とファシリテーションをしていた。ショーの終了後、上木原副校長から「司会の彼女は入学時、相手の目を見て話すのが苦手で、とても物静かな生徒だったんです」と聞いて、僕らは思わず声を上げてしまうほど驚いた。

彼女だけじゃない。当日、元気よく売店でタコスを売っていた子も、部活動のブースで笑顔を絶やさずに接客をしていた子も、そこにいたN高生たちは皆、一般来場者を相手に立派な立ち居振舞いを見せていた。彼らのなかには、不登校だった子も少なくない。しかし、そんなことは言われなければわからないだろう。彼らはN高で、大きく前に進んだ。その成長を発揮できる場が、この文化祭なのだ。終了後には、涙を流しながら来場者に挨拶をする生徒の姿も見られた。N高生たちにとって、まさに「一皮むけるためのチャレンジの場」であったのだろう。

ネットリテラシー教育に真正面から向き合う

さて、この文化祭では同時並行で、4月に入学したN高生たちにとって初めての顔合わせにもなる「リアル・ホームルーム」が催された。それまではオンラインでしかコミュニケーションを取っていないから、初対面はさぞ緊張したことだろう。ある担任の先生は機転を利かせて、いきなり生《なま》のコミュニケーションではなく、いつもどおりチャットツール「Slack」を使用しながら、ホームルームを開始した。「目の前にいるのに、会話はネットで?」と怪訝《けげん》に思われるかもしれないが、そうすることで固くなっていた生徒たちは普段の調子を取り戻し、結果的に生のコミュニケーションも大盛り上がりになったそうだ。

生徒同士のオンラインでのコミュニケーションが盛んだと聞くと、すぐに「汚い言葉で荒れたりすることはないか?」「コミュニケーションの不和やすれ違いは起こらないのか?」という質問が飛んできそうだ。しかし、今や10代の9割近くがスマートフォンを持つ時代。N高の生徒にとって、Slackなどを使ったネット上での会話は、全日制の生徒の休み時間や放課後に教室で行われるそれと、ほぼ同等だ。「リスクがあるから」という理由でその手段を封じてしまうよりは、きちんとした「ネットにおけるリテラシー」を踏まえた配慮をしたうえでコミュニケーションの場をつくっていく方が、よっぽど前向きな議論ができるだろう。

N高においては、IT企業ドワンゴが主体となっている強みが、ここでも発揮されている。Slackなどを使った生徒のコミュニケーションのなかで、行き過ぎた言い合いなどの問題が起きていないか気を配るプロフェッショナルを配置しているのだ。「ニコニコ動画」などのインターネットサービス運営により、ネットコミュニティの健全な発展について相当な知識をもった担当者らが目を光らせているため、逸脱行為をとる生徒が見つかった際には、すぐさま担任の先生経由で指導をする仕組みとなっている。このような徹底した伴走の姿勢は、N高生の保護者からも安心だと支持を得ている。一律にスマホの持ち込みなどを禁止してしまう全日制の学校があるなかで、むしろ正面からその存在と向き合い、一線を引きながら推奨しているN高の姿勢には脱帽するしかない。

コミュニティ開発部長の秋葉大介さんは、N高について著された書籍『ネットの高校、はじめました。』（KADOKAWA）のなかで、次のように語っている。「こうしたネット上のツールは人と簡単にコミュニケーションがとれ、そこで友達ができるなどいいところもある。その反面、人を傷つけたり、トラブルに巻き込まれたりすることもある。N高ではそういうリスクを回避するためにツールを禁止するのではなく、リテラシーやモラルを身につけてもらうことにしたんです」――まさにこれこそ、N高の未来思考の哲学が凝縮された姿勢だと感じる。

N高・通学コースへの潜入
――IT企業の強みを継承した学校経営

N高生との出会い、いきなりのプレゼン？

入学式や文化祭などのイベントの取材を重ねた僕たちは、いよいよN高の日常の様子を探るべく、代々木キャンパスに突撃取材を試みた。２０１７年４月にオープンしたN高の通学コース代々木キャンパスは、代々木の瀟洒《しょうしゃ》な高層ビルの一角にある。日光をめいっぱい取り込む大きなガラス窓、まるでカフェのような受付で、上木原副校長らが僕たちを出迎えてくれた。

キャンパスは地下1階から地上2階まである本校舎に加えて別館も備え、数百名の生徒が同時に学ぶことができる設備が整っていた。先生方やスタッフの皆さんは一様に若く、そして服装もカジュアル。親しみやすさが全面に出ているのが特徴的だ。

ちょうど僕たちが訪れたとき、校舎2階では「プログラミング」の授業が行われていた。解放感のある教室に、生徒たちが各テーブルで真剣にノートパソコンに向き合いながら（もちろんMacだ）、パッと見では理解できないようなプログラミング言語と格闘していた。自分の高校時代と比べると、隔世の感がある。僕が高校生だった頃は、学校にノートパソコンを持ち込むなんて想像もできなかったし、プログラミングのプの字も知らなかった。

Ｎ高のプログラミング授業の質は、全国でもトップクラスと言える。なにせＩＴ企業の雄・ドワンゴのトップエンジニアである吉村総一郎さんなど、第一線で活躍するプログラマーが実践的な観点から教えてくれる。ニコニコ動画のような複雑なシステムを、生徒が一から作成できるようになる授業もあるそうだ。それ以外にもスマホアプリ、ウェブサービスなど、いまや僕たちの生活に欠かすことのできなくなったサービスを構築するスキルも、選択して学ぶことができる。

そんなプログラミングなどに強みをもったＮ高生らしい生徒との出会いも衝撃的だった。この日、取材中の僕たちが出会ったのは出川大和君。Ｎ高の2年生の彼はすでに名刺を持っていて、それを物怖じせずに差し出してくれた。名刺には「web design」「frontend coding」「translate assistant」とある。すでに僕にとってはほぼ意味不明だ（笑）。出川君は自己紹介もそこそこに、同級生と取り組んでいるプロジェクトについて短いプレゼンをしてくれた。彼はいま、授業の一環で「音を見える化する技術――オーディオビジュアライザー」を開発しているというのだ。

オーディオビジュアライザーと聞けば、ソニーのウォークマンで音に合わせてさまざまな色が形を変えてリズミカルに動く、あのシーンを思い出される方は多いだろう。出川君たちのチームはプログラミングの力を駆使し、ＶＲを使って音の視覚的表現に新しいイノベーションを起こそうとしている……らしい。正直、僕の理解力ではここまで書くので精いっぱいだ。

そんな出川君は、高校2年生にしてＩＴ企業のプログラミングチームからすでに「内定」をもらっているという、かなりぶっとんだ存在だ。彼は高校進学の際に、地元神奈川県の私立高校とＮ

高、どちらに行くか迷ったそうだ。そして、普通の高校では会えない人との出会いを求め、N高にやってきた。そして、その決断に満足している様子だった。

ちなみに、出川君の高校受験時の偏差値は、全教科の総合で50前後だったと言う。彼ほどのユニークで才能にあふれる存在が、今の学校教育の枠では「偏差値50」と記録されるなんて、なんとも偏ったシステムだと言わざるを得ない。

何事も「させられている感」がない学校に

教室を一通り巡った後、職員室も覗かせてもらった。大きなホワイトボードには、全国のN高生のレポートの進捗状況が書き出されている。デスクではネットコースの先生方が、ちょうどホームルームの時間で生徒たちとコミュニケーションをとっている最中だった。オンラインチャットツールのSlack上では、全国のエリア別にまとまった生徒たちと担任の先生らが、活発にやり取りをしていた。

ホームルームを実施している先生がSlack上に「いま取材を受けています」と書きこめば、すぐさま生徒たちが「え！　本当ですか?」「緊張する！」「こんにちは！」と、取材チームの僕たちに反応してくれた。画面上で生徒たちがホームルームの時間を共有しているというのは、リアルの場でのホームルームしか経験したことのない僕には、ちょっと衝撃だった。

しかもN高のホームルームは、先生からの一方的な諸連絡の時間というよりは、雑談を交えつつ、かなりフラットな関係で互いにコミュニケーションしている様子だ。デジタルネイティブ世代の高校生たちにとっては、LINEなどを通じて日常的にテキストでコミュニケーションをとっている。もしかしたら彼らは、対面で話すよりも文字に打って伝える方が、自分の感じていることや疑問を率直にぶつけられるのかもしれない。

「させられている感がない学校」——上木原副校長はこんな言葉でN高を表現し、象徴的なエピソードを教えてくれた。通学が始まって間もない6月、なんと生徒たちが自主的に「どうしたら心斎橋キャンパスがもっとよくなるのか」と題したアンケートを作成し、キャンパス生に撒《ま》いて集計し始めたというのだ。

「生徒からの提案って、真剣に検討するのですか?」という僕からの問いに「当然です。よりよい学校運営のために必要と判断できれば、生徒からの提案もどんどん受け入れて実践していきたいです」と即答する上木原副校長。「スピード感をもって」「失敗を恐れず」「挑戦し続ける」というIT企業ドワンゴの強みを継承した学校経営の姿勢に、僕はただただ圧倒された。こうした大人たちに囲まれて育つ生徒はきっと、失敗を恐れずに挑戦できる人に成長していくのだろう。

創業者の思いと受け継がれる意思

「通信制高校の革命児」たらんとするN高の実態を、足を使った取材を通して追いかけてきた。ここで少し趣向を変えて、「N高、創業者の想いと受け継がれる意思」をテーマに、いくつかのエピソードをご紹介したい。

創業者のスピリッツやDNAは、どの教育機関でも時代を超えて、その学び舎の教職員、生徒たちのなかに浸透していくものだ。僕の母校である早稲田大学では、在野の精神が脈々と受け継がれており、枠にはまらず新しい価値観を追いかける学生が多い。一方で、そんな早稲田の永遠のライバルである慶應義塾の友人たちからは、どんな物事にも冷静に向き合う気高さや風格、そして優雅さが感じられる。

「〝他の人〟をもっと幸せにする会社をつくろう」

さて、N高のDNAとは、どんなものだろうか。創業者の一人である川上量生《のぶお》さんは、相当にユニークな人生を歩んできた方だ。僕はこれまで、川上さんの書かれた書籍、受け答えされているインタビュー記事を、数えきれないほど読みあさってきた。

そのなかで、とくに印象に残っているものがある。それは、スタジオジブリの鈴木敏夫プロデューサーがパーソナリティを務めるラジオ番組『鈴木敏夫のジブリ汗まみれ』に出演していたときに話していたエピソードだ。

そのラジオで、川上さんは「若い頃はあんまり欲がなかった」「それなりにサラリーマンをして、後は趣味に生きられればいいかな」と語っていた。そんないわば平凡な人生を望んでいた川上さんは26歳のときに、勤めている会社が倒産するという転機に直面する。

普通ならば、次の職を求めて必死に転職活動に奔走することだろう。しかし、川上さんはそうしなかった。彼は自分に降りかかった大きな災難を前にして、「これからは、おまけの人生なのかもしれない」と達観。「それならば、他の人をもっと幸せにする会社をつくろう」と一念発起して、そこから起業の道を歩み始めるのだ。

川上さんがここでいう「他の人」とは、自分と同様にオタクやゲーマーと呼ばれるような「ネットにはまりすぎて、人生を見失っている人たち」であり、「ポテンシャルはあるのに、なぜか社会で生きにくそうにしている人たち」だった。

そして、川上さんは「ネットに生まれて、ネットでつながる」というタグラインを掲げ、1997年に株式会社ドワンゴを創業する。同社はゲームのミドルウェア開発や携帯電話の着信メロディ配信などの事業を手掛け、2003年にはマザーズ、2004年には東証一部に上場するほどの一大企業に成長した。その後、2006年に動画サービス「ニコニコ動画」を開始。その影響力は日本だけにとどまらず、世界中へと広がっていった。

「既成教育への不満や悲しみ、やり場のない怒り」を受け止めるN高

そんな川上さんの創業の精神は、ドワンゴ社の求人内容にも色濃く表れているように感じる。たとえば、2007年に「2ちゃんねる採用」という枠を用意。この求人には「ネットで2ちゃんねるばっかりやってる人」かつ、学歴は「大卒未満」であり、大学在籍の人は「卒業の意思がない人に限る」という条件がついている。つまり中卒、高卒の人を専門に採用するという、IT企業では非常に珍しい採用枠だ。これも、川上さんの言葉を借りれば「ネット漬けでどうしようもないが、隠れた才能のある人間」を採用しようという意思の表れなのだろう。

「実力はあるのだけど、普通の会社では働けない人」を歓迎するドワンゴ社の採用の姿勢は、まさに「ポテンシャルはあるのに『この子の未来は暗いな』と周りから思われてしまう、または自分がそう感じている人が、生き生きと働ける会社をつくろう」という、川上さんの創業時の思いそのままである。

そして、川上さんがドワンゴですくい上げようとしている人物像は、N高がフォローしようとしている「ポテンシャルはあるのに、ほかの学校ではなじめなかった子どもたち」という生徒像と、ほぼそのまま重なるのだ。この川上さんの一貫性に、僕は感銘を受けた。

「自分たちの決めたテーマをとことん追求したい」「これまでの既成概念の枠なんて飛び出して、新しい価値をつくっていきたい」——N高の取材で出会う生徒たちは、そんな前向きなエネルギー

に満ちた子どもばかりだ。

しかし一方で、そんな彼らの話からは、いわゆる「一般的な学校になじめなかったことへの不満や悲しみ」が感じられる瞬間も少なくない。彼らの持っているユニークな才能は、それが突出していればいるほど、周りから浮いてしまう傾向にあるようだ。

そんな彼らの「既成教育への不満や悲しみ、やり場のない怒り」を、N高はしっかりと受け止めている。だからこそ、開校から4年足らずで、1万2千人以上の生徒たちが集まっているのだ。

そのN高の根底に流れる建学の祖の一人である川上さんの思いは、必ず次の世代に受け継がれ、これから世界へ大きなムーブメントを起こしていくと、僕は確信している。

学校嫌いの子どもが、居場所を見つけられる

一般的な高校よりも、N高を選んだ理由

話の時間軸を少し戻そう。僕はキャンパスで出会ったN高2期生・出川君に「N高を選ぶときに、一般的な高校も選択肢にあったの?」と質問をしてみた。彼はつらつらと自分の過去について語ってくれた。

「僕もはじめは、一般的な高校を進学先として検討していました。僕は英語が得意で、将来は国をまたいだ仕事をしたいな、と考えていて。そこで、国際教育や英語教育に特化した学科の高校に見学に行ってみたんです。なかには文科省から『スーパーグローバルハイスクール』に指定されている学校もあったのですが……。いざ行ってみると、がっかりしたんです」

「え、何にそんなにがっかりしたの？」と、僕は尋ねた。出川君は残念そうに答えた。

「英語教育の実態に、です。正直、これで『スーパーグローバル』などと呼んでいいのだろうか、と感じました。力を入れていると謳っている学校でも、普通科より2～3人英語教員や、ネイティブの教師が多いだけで、授業の内容はほとんど大差がない。これじゃ、ほかの学校とどんぐりの背比べじゃないかと感じてしまって。そんなときに、父が紹介してくれたのがN高でした」

それから彼が、N高の自由かつ多岐にわたるカリキュラムの魅力に気づき、ここを第一志望とするまでには、それほど時間はかからなかった。出川君の母親は、「通信制」に対するイメージがあまりよくなく、はじめは色よい返事をくれなかったそうだが、父親の助力もあって最後には応援してくれるようになったそうだ。

出川君は、「これからN高の在校生や卒業生が活躍していけば、『通信制』のマイナスイメージも払拭されていくと思います」と言う。「自らが学校のイメージをつくっていく」と自負する彼は、自信に満ちあふれていた。

このように高校受験において、従来の全日制とN高のような特色のある通信制は、十分に比較・

検討され得る選択肢になりつつある。実際にN高に入学した彼らの口からは、前向きな言葉が多く聞かれた。

たとえば、N高の特色のひとつである課外学習では「今までやったことのない体験ができた!」という声が日々あがっている。なかでも大人気なのは、岐阜県関市での「刀鍛冶体験」だそうだ（若者たちに大人気のゲーム『刀剣乱舞』の影響らしい笑）。

N高の課外学習は主に第一次産業を中心に、山形県小国町でのマタギ体験、三重県紀宝町での船大工体験、そして山口県長門市でのイカ釣り漁業体験などさまざまなコースが準備されている。

基本的にはITなどに強みを持つ生徒が多いN高の生徒が、このような第一次産業の第一線の現場を経験することで、将来的に「酪農×IT」や「漁業×IT」などのおもしろい融合が起きる可能性も大いにあるだろう。

「N高では、趣味でバカにされることがない」

ほかにも、取材で話を聞いたK君は「N高に入ってよかったこと」を、次のように表現していた。

「N高では、自分の趣味のことでいじめられることはない」

すかさず、隣にいた彼の友人がこう口をはさんだ。

「ここにはゲームやアニメなど、一般的には『偏った』と見られる趣味を持っている人がたくさんいる。だから、N高でオタクをバカにするヤツはいないんです。だってそれは、自分たちをバカにすることになるから」

K君は親がゲーム会社で働いていることもあり、その影響で小学校1年の頃にはゲームやパソコンが好きになっていた。ただ、学校では「家でずっとパソコンをやってるオタクらしい」という噂が広まり、いじめを受けたそうだ。

中学に上がってもその状況は続き、学校が嫌になったK君は家でずっとパソコンに向き合うようになった。そんなときに偶然、ニコニコ動画でN高の広告を見たのが、入学のきっかけになった。

K君は今、学校が好きだと語る。N高ではゲームやプログラミングなど同じ趣味の子たちが多く、彼はここでたくさんの友だちに囲まれている。最後にK君はこう言った。

「趣味の範囲が近い人が多い環境を選ぶことができて、本当にラッキーだった。自分に合う環境を探すって大事だと思う。そうじゃない場所で、『ここで生きていかないとダメなんだ』と思うと、つらい人生を歩むので」

進学校から転職してきた先生が、N高に見出す希望

さて、ここまでN高の生徒たちに当ててきたスポットライトを、先生の方へと移動させてみたい。

新しいユニークな学校には、やはりユニークな来歴を持つ先生たちが集まっていた。

子どもたちの多様な夢の実現をサポートしたい

N高の若手教職員・堀口あゆ子先生は、２０１７年4月に東京の私立高校からN高に転職し、教鞭を執りはじめた。大学時代は英語教育のゼミで英語教授法を学び、中学校時代からの希望であった教職に新卒で職を得た。初任は東京でも有数の歴史を持つ私立中高一貫校で、1年目に副担任としてキャリアをスタート。その後、2年目からクラス担任も経験し、卒業生を送り出すなど順調に教員としての4年間の実績を積み上げた。

「大変だけれども、楽しい新人時代でした。ベテランの先生からの指導も手厚くて、恵まれた職場環境だったなと感じています。担任をした3年生が卒業していくときには、生徒から手紙をもらったこともあって。自分はまだまだ力不足だったけれど、卒業生を送り出せたこと、『先生、お世話になりました。ありがとう』と言ってもらえたことには、大きな達成感を得ました」

こう振り返る堀口先生のキャリアは、誰がどう見ても教職として「順調」なスタートだ。それなのに、なぜ「転職」を決意し、そして１００年近くの歴史ある伝統校から創立2年目のN高へ？

「もっと生徒たちの、いろんな夢のかたちをそのまま応援したいと思ったんです」

シンプルで力強い一言が、堀口先生から返ってきた。堀口先生は初任校での4年目、全校的に進学実績を向上させるプロジェクトに携わった。若手ながらも、学校の今後を占う重要な役割に抜擢された彼女は、生徒たちのよりよい未来のために奮起した。しかし、徐々に違和感を覚え始める。

そのプロジェクトは、よくも悪くも「あまり勉強が好きではない生徒たちにがんばって勉強させて、なるべくいい大学を目指せるようにする」というものだった。堀口先生はさまざまなアイデアを出し、生徒たちの勉強に対するモチベーションが上がるよう尽力した。しかし、それでも何人かの生徒は、毎日つらそうに勉強していた。そんな生徒たちの姿を見るうちに、彼女はとても大切なことに気づいたのだ。

「みんながみんな、大学受験を目指す必要はないと思うんです。夢のかたちは人それぞれで、大学進学は全員にとっての最適解じゃない。それに、勉強や進学って、人から言われてやることじゃないから」

もやもやとした違和感が募って、何となく言葉になったとき、堀口先生の目の前に次のステージが現れた。

「子どもたちの多様な夢の実現をサポートしたい。そのためには、学校の現場しか知らない自分が、違うキャリアを経験するべきではないか。そう思って転職を決意しました」

一つひとつのやることに意味のある職場環境

堀口先生は行動の人だ。思い立ってからすぐに転職活動をスタートさせた。教育から離れて一般企業に入るつもりだったが、エージェントから紹介されてピンときたのが、N高の職員募集だった。

「新しいことに挑戦するのが好き」という堀口先生は、このとき初めてN高の存在を知り、すぐに受けてみようと思ったそうだ。エージェントの一言が彼女の背中を押した。

「N高はリーディングカンパニーならぬ、リーディングスクールになる存在です」

面接に赴いた堀口先生は、「今のところこちらのキャンパスに勤務が決まっている職員は校舎長が一人と職員一人。あとパートタイムの大学生テ《T》ィーチング・ア《A》シスタントが数名です」と言われて、本当に立ち上げの段階なのだと驚いた。けれども、文字どおり「ゼロから1を生み出していく仕事」に大きな魅力を感じ、彼女はN高で働くことを即決した。

そんな堀口先生にN高と前職、つまり「一般的な全日制高校」との違いについて聞いてみた。

「前職はいわばすべてができあがっていて、それをどう変えていくか……という場所でした。一方でN高は、ゼロから新しい学校のあり方をつくろうとしています。だから生徒も教職員も、N高にいる人たちは、変化や挑戦に抵抗感がありません。生徒の意見が学校の運営に取り入れられることもよくあります」

普通の学校で、生徒の意見で学校が変わるなんてことは、まずないだろう。さらに堀口先生は続ける。

「前職の学校では、職員会議の内容が、ほぼ確認・伝達事項であることも少なくありませんでした。

N高では、最初から答えが決まっている会議がないんです。逆に、意味なく会議なんかしたら怒られます。『メール一本でいいだろう！』って（笑）。会議だけではなく、一つひとつのやることに意味があるので、働きがいがあります」

この一節に、僕はしびれてしまった。「予定調和の会議がない」とは、なんてかっこいい職場なんだろう。そんなN高は、堀口先生が目指す「生徒それぞれの多様な夢をサポートする」という点について、対応できているのだろうか。

「N高には、さまざまな学びの選択肢が用意されています。進路指導も『とにかくいい大学』というわけではなく、生徒の希望に寄り添うかたちで行えていて、それがとても嬉しいですね」

そして、堀口先生はこれからの課題も、冷静に見つめている。

「現状、生徒たちに『進路の幅を提示すること』はできていますが、これから学校としては『あらゆる進路に対して、きちんとサポートできること』が必要だと感じています。『その道もいいね』と言うだけでなく、『一緒にがんばろう』と生徒たちの隣を走れるようになること――それが私の目標です」

これからN高のような「リーディングスクール」を目指す学校が増えれば、日本の子どもたちにはもっと多様な選択肢が生まれるだろう。

しかし、そこに生まれるのは、子どもたちの選択肢だけではない。従来の教育システムをよりよくしたいと願う若い先生たちが生き生きと活躍できるステージも、同時に増えていくのだ。堀口先生の話を聞いて、そう確信した。N高は2030年の学校に向けて教職キャリアパスを刷新する、台風の目となるだろう。

“勉めて強いる”から、自発的に学ぶ意欲を引き出す教育へ

熱き学校革命の現場を率いてきた上木原さんに「学校運営に携わったこの2年間、どんな考え方の変化がありました?」と聞いた。

「前職の塾では、毎日子どもたちと全力でぶつかり合いながら、可能な限りの面倒を見ていました。とても満足感のある仕事でしたし、現場でのぶつかり合いこそが先生の役割だと感じていました。けれども、この考えはN高の2年間で覆されたのです。目の前にいなくても、子どもたちの成長を支えられる、と。しかも、従来の学校や塾という空間では変えられなかった子どもたちの成長を、N高は引き出せているんです」

上木原さんは一呼吸置いて、さらに続ける。

「これまで私は勉強——つまり“勉《つと》めて強《し》いる”ことを、子どもたちに提供してきました。けれどもそれは、本質的なエデュケーションではないのだと、最近改めて感じています。強いることなく、子どもたちの自発的に学ぶ意欲を引き出すことで、彼らは圧倒的に成長していく。これが、N高の2年間で得られた一番の気づきです」

上木原さんの言葉を聞きながら、僕はN高のネットコース教員室でPCに向きあう、クラス担任の方々の姿を思い出していた。彼らは教壇に立たない。従来の学校ではあり得ない〝先生〟のかたちだろう。彼らの使命は「クラスの生徒全員と向き合い、一人ひとりの個性や得意を引き出す伴走者」であることだ。ある学校からN高に転職してきたネットコースの先生は、こう言っていた。

「前の学校では、生徒たちから話をしっかり聞く機会なんて年に数回でした。それがN高では、ネットコースといえども毎日コミュニケーションをとるし、月一回程度の頻度で勉強だけでなく将来のことなど個別に話す時間もあります。毎日顔を合わせていた前職の頃より、子どもたちとの距離感は不思議と近いんです」

数字は追うが、手段と目的をはき違えない

当たり前だが、学校はつくって終わりではない。その後の恒久的に続く「運営」こそ重要だ。その意味において、「N高のマネジメントでは『〝やらないこと〟を決めること』に重きを置いている」という上木原さんの言葉が、とても響いた。

「やることばかりを積み上げていったら、時間はいくらあっても足りません。まずは教員の負担を減らせるだけ減らす。余裕ができたら、そこで何をするかを決める。物事のプライオリティを決めて、注力する部分を明確にする――これからの学校には、こうした現場のマネジメント能力が、よ

り明確に求められる時代になっていくと感じています」

N高の現場マネジメントは、ある種シビアである。組織運営として企業で使われる目標設定指数（KPI）を定め、生徒満足度や進級・卒業率、進路決定率などを数値化している。現場の職員は、目に見えるかたちでの改善を求められる。でも、だからと言って「数字主義」というわけではない。数字のもとは、生徒や保護者の生の声だ。そのニーズに応えるために、数字というかたちにして、わかりやすく可視化しているだけだと、現場での認識も統一されている。彼らはけっして手段と目的をはき違えない。

ひたすらに「子どもたちのための場所であること」

「教育はそもそも誰のためのものなのか。この視点こそが、2030年の学校を考えるうえでは不可欠だ」――そんな鋭い指摘から始まったN高の取材。約1年にわたり見聞きした先で見えてきたのは、彼らがひたすら「子どもたちのための場所であること」に努めているという確かな事実だ。IT技術による業務の最適化も、傍から見れば奇抜に見える施策も、すべてが「子どもたちのため」につながっている。

揺るぎない目的を全体で共有し、その追求のためにベンチャー企業のようなスピード感で試行錯誤を繰り返すN高の実態に、僕は無限の可能性を感じざるを得なかった。N高は「固定観念や常識にとらわれていては、未来を向いた学校づくりなんてとうていできないぞ」と、僕に全力で発破をかけてくれる、かけがいのない存在となった。

大阪の大空小学校、東京の杉並区、そしてN高と、ここまで日本全国のしびれるベストプラクティスに密着取材してきた。どの現場も「一人ひとりの子どもたちの可能性を信じる」というスタンスを明確に持っていたように思う。

次は、全国の教育現場のなかでも、僕がひときわ「生徒一人ひとりと真摯に向き合っている」と感じている、劇的な学び舎に焦点を当てたい。年齢無制限で生徒を受け入れ、「学びや新しい自分との出会いを求めるすべての人々のための学校」を目指し、どこまでも奮闘するあの学び舎に。

学びnote

- N高の原点は「ひたすらに子どもたちのための場所であること」。

- 生徒に「させられている感」を感じさせない学校づくりを。よりよい環境や運営のため、生徒たちの声を聞き、受け入れて改善する柔軟性を持つ。

- ホームルームはSlack、文化祭はニコニコ超会議。固定観念や既存の慣習にとらわれていては、未来を向いた学校なんてできない！

- 意味のない会議は怒られる！　IT企業のノウハウや文化を上手に吸収。

- 数字は追うが、手段と目的をはき違えない。すべての効率化は、子どもたちとじっくり向き合う時間を増やすために。

第4章

侍学園という希望

サムライ学園を支えるスタッフたち
前列中央が理事長・長岡秀貴さん

公教育からこぼれ落ちた若者たちのための学校――侍学園

日本一涙が止まらない卒業式

2017年3月5日、僕たち取材チームはとある学校の卒業式に参加するため、長野県上田市を訪れた。その日、6人の卒業生の門出を祝うために100人以上の参加者が式場に詰めかけた。学校の名は「侍学園（通称サムガク）」。ここの卒業式は「日本で一番涙が止まらない卒業式」として、学校関係者の間で語り草になっている。

サムガクの生徒たちの大半は、大きな挫折を経験し、学校や社会からドロップアウトしてしまった人たちである。彼らは「暗いトンネルの中にいた」と、自らの過去を振り返る。恵まれない境遇を背負った生徒たちが、サムガクのスタッフたちに支えられて成長し、卒業していく物語が丁寧に披露されるこの卒業式の様子は、参加者の胸をひたすら打つ。

サムガクの卒業式は、情熱と愛情に満ちあふれた理事長の式辞から始まる。ここで早速、参加者は驚愕することになる。理事長は卒業生の名前を一人ずつ呼びかけ、その生徒との出会いから今日に至るまで、学園で仲間たちと一緒に過ごした日々の思い出と成長の過程を、滔々《とうとう》と振り返る。一人ひとりに向けて、魂から削り出したような熱い言葉を、存分に語り尽くしていく。そして、最後は必ずこう結んだ――「卒業おめでとう、これからもよろしく」。理事長が６人分のメッセージを読み終えたとき、開始からすでに1時間以上が経過していた。これがまだ、冒頭の式辞なのである。読者のみなさんにも覚えていてほしい。「一般的な学校の常識は、サムガクではいっさい通用しない」ということを。

「生徒とスタッフが共に成長できる〝共育〟」の実践を

僕が侍学園のことを知ったのは、２０１５年に公開された『サムライフ』という映画がきっかけだった。「『理想の学校』設立の夢へ――」。27歳、全財産７２５円。元高校教師と仲間たちの青春ノンフィクション」――そんなキャッチコピーに惹かれて、公開後すぐに劇場に足を運んだ。映画は侍学園の創業者・理事長の長岡秀貴さんが、何もないところから身一つで学校を立ち上げる冒険譚だ。しかもその学校は「何らかの理由で学校や社会からドロップアウトしてしまった人たち」に居場所を提供し、学校や社会への復帰を助けている。

当時、海外の途上国の学校現場を中心に活動をしていた僕は、「日本にもしんどい境遇の子どもたちが存在する」という当たり前の事実を、この映画を通して改めて認識した。そして、そんな子どもたちのために、20代後半で「学校づくり」を始めた長岡さんたちのストーリーに、心を揺さぶられたのだ。僕は映画を観てから長岡さんにファンレターを送り、すかさず彼に会いに長野県上田市へと向かった――これが僕とサムガク、そして理事長の長岡さんとの最初の接点となる。

「なんだ……この先生っぽくない人は！」

第一印象は、衝撃的だった。ジーンズにジャケットのフランクな服装に長髪姿。失礼ながら、いわゆる〝学校の創業者〟オーラはまったく感じられない。むしろ「ヤンチャな近所の兄貴」といった風貌だった。

長岡さんは1973年生まれ、長野県上田市の出身。高校時代には野球に熱中し甲子園を目指すも、原因不明の左半身麻痺で車いす生活を余儀なくされた。担当医師からは「歩くことはむずかしいだろう」という絶望的な宣告を下される。そのとき、彼に救いの手を差し伸べたのが、当時の担任だった小林有也先生だったそうだ。毎日病室を訪れた小林先生の励ましとリハビリの結果、長岡さんは日常生活を送れるまでに回復する。この体験を通して、長岡さんは「命のもろさ」を痛感したと、当時を振り返って語っている。「命の壊れやすさに向き合う」という、現在の彼の教育スタンスの原点とも言えるだろう。

その後「小林先生のような先生になりたい」と志を掲げた彼は、「公教育で見放されがちな若者に手を差し伸べ、共に育ち、生きる力を手に入れる学校を設立したい」という夢を持つようになる。小・中・高の教員免許を取得した後、母校の高校で念願の教職人生をスタートさせるも、5年後には退職。〝自分で学校をつくる〟という夢を叶えるために、2004年春、教え子ら4人とともに

「認定ＮＰＯ法人侍学園スクオーラ・今人」を立ち上げた。サムガク旗揚げの瞬間である。

彼らはけっして公教育と対立する存在ではない。学校や社会への復帰を支援したり、学園が運営する施設や地域企業と連携しながら就労支援をしたりと、一人ひとりの人生の目標に合わせた支援を行う。通学年数に上限はなく、アルバイトの傍ら週に数日学園に通い、数年かけて卒業を目指す生徒もいる。

侍学園は、長岡さんが自らの人生で経験してきた「誰かに与えられる教育ではなく自ら探し、求め、生徒とスタッフが共に成長できる〝共育〟」の実践と、「何かに頼らず、自らの進むべき道を探すための学び舎」の実現を目指している。

揺るぎない学校像、先生と生徒の関係性

さて、いったん話を卒業式の様子に戻そう。理事長の式辞が終わると、今度は卒業生たちが一人ひとり、答辞を読み上げる。不器用ながらも、自分の言葉でこれまでの半生と、サムガクでの学び、そして、これからの抱負を語る卒業生たち。その姿を、地域の住民やサムガクのサポーターたちが、固唾を呑んで見守る。僕は、この式場に立ち込める熱量というか、希望に、終始胸が高まりっぱなしだった。

昨今の学校現場は、時代の要請から、目まぐるしいほどに変革を求められている。ＡＩやＩＣＴ

に関連する教材が激増し、改めて「教員と学校の役割」が問われている。そんななか、サムガクはひとつの揺るぎない「学校」のあり方、「先生と生徒」の関係性を確立しているように感じる。

僕たちは「2030年の学校像」を求めて、これまで取材を続けてきた。そのカギを握る大事なピースを、人里離れた地に佇む小さな侍学園がもたらしてくれる気がしてならないのだ。

24歳のひきこもり青年が、サムガクで変われた話

生徒の人生に全力で向き合い続ける

長野県上田市にある侍学園は、エネルギーに満ちあふれた学校だ。サムガクの若き創立者たちが、桁外れの情熱でゼロから学校をつくってしまったプロセスには、ただただ驚かされるばかりである。しかし、僕がサムガクについて最も敬意を抱いているのは、学校をつくってから現在に至るまで、彼らが生徒たちの人生に全力で向き合い続けているという事実にこそある。

サムガクが迎え入れている生徒たちは皆、何かしらの事情や問題を抱えており、学校や社会の枠組みでうまくなじめなかった過去を持っている。失意のなかにいる彼らの心を解きほぐすには、繊細かつ丁寧な伴走が求められるはずだ。彼らの「人生に向き合う」とは、言葉では簡単に書けてし

まうが、それは並大抵のことじゃない。ただ、サムガクの先生たちは、どんなに困難な状況に立たされても、絶対に音を上げない。生徒がこちらを見るまで、向き合い続けることをけっして諦めないのだ。

今回は、そんなサムガクの真摯な教育のあり方を読者のみなさんに感じとってもらうために、僕が取材中に出会ってじっくりと話を聞かせてもらった、とある卒業生のエピソードを紹介したいと思う。これは、サムガクと出会って大きく成長し、２０１７年度に晴れて卒業を迎えた、ひかる君の物語だ――。

「24歳？　ゴールデンエイジだな！」

ひかる君がサムガクに入学したのは、24歳のときだった。彼は事情があって大学を中退。実家にこもり、ときおり家の手伝いをする生活を送っていた。手持ちぶさたな時間をパソコンゲームなどで潰しつつも、「早く社会に復帰しなきゃ」と焦りばかりが募る日々。追い打ちをかけるように、両親は家に引きこもる彼に「お願いだから外に出て働いて……」と、事あるごとに語りかける。親の真っ当な正論に、押し黙るしかなかったひかる君。自分でも負い目に感じていることを、改めて人から指摘されるのはとてもつらいものだ。

「このままじゃダメだとわかっていても、当時の自分には現状をどう打開すればいいのか、見当もつかなかったんです。外に出てバイトをしようにも、自分がそこでちゃんとした人間関係を築けるイメージがまったく持てなくて、ずっと踏み出せずにいました」

それまでのうまくいかなかった体験を、ひかる君の身体は明確に記憶していた。人を信じることが怖くて、そんな自分に自信が持てない。周りが当たり前にできていることが、自分にはできない。ただ、今のまま家に居続けても、何も変わらない……。彼の心はさまざまな葛藤のなかで、毎日ひっそりと、音を立てることもなくすり減り続けていた。

そんなひかる君にとって、次の一歩を踏み出す道標となったのが、不登校・ひきこもりの子どもとその家族の支援を行う「子どもサポート上田」の存在だ。社会復帰の準備のため、親に連れられて通い始めた。週3回、自宅から車で片道2時間半以上かかるこの施設を訪れた。

そこで相談に乗ってくれたスタッフが、元サムガクの職員だった。ひかる君は、その職員からサムガクの話をたびたび聞くうち、「サムガクに入ったら、変われるかもしれない」という思いを抱くようになったのだ。

少しの期待と大きな不安を胸に、ひかる君はサムガクの理事長・長岡さんとの面談に臨んだ。

「24歳？　サムガクのゴールデンエイジだな！」

ひかる君の歳を知った長岡さんは、豪快にこう言って、ニッと笑顔を見せた。ひかる君は、驚いた。そして、その驚きは少しずつ胸のなかで、温もりに変わっていった。同世代の人たちより出遅れているのではないか、自分が今さら学校に行くなんておかしくないだろうか……。彼が抱いていた焦りや不安は、長岡さんの言葉で吹き飛んだ。ひかる君がサムガクの入学を決意した瞬間だった。

「最後まで味方でいてくれた」

とはいえ、ひかる君は入学してすぐに、サムガクになじめたわけではない。ときには暑苦しいほど生徒たちに絡むサムガクの職員たちに、入って間もない頃は温度差を感じていたそうだ。「真顔で『お前の人生の幸せを、オレは一生祈ってるからな！』と語りかけてくる年下の職員さんには、正直ドン引きしたこともありました」と、彼は当時を笑って振り返る。そんなサムガクでの賑やかで温かな学園生活は、ひかる君がこれまで他人との間に築いてきた分厚い心の壁を、徐々に溶かしていった。

「サムガクの職員さんは、生徒に対して絶対に上から物を言ったりしません。常に隣を一緒に走ってくれている伴走者のような存在です。だから自然に、気がついたら心を開けるようになっていたんだと思います」

ひかる君はずっと、「人と比べて自分はダメな人間だ」と考えていた。現実と向き合うのを避けるかのように、周りの人間に対しては無関心で、無気力だった。それが、サムガクで過ごすうちに「人と比べてもキリがないな」と思えるようになった。他人への接し方も柔らかくなった。

こうした変化を、ひかる君本人は今、確かに実感している。自分は、変われたのだと。そして彼は社会と向き合えるようになり、働き先を決めて、卒業に至った。

「僕の人生の先を見据えながら、励ましたり、叱ったりしてくれたサムガク職員のみなさんには、本当に感謝しています。彼らはどんなときでもぶれずに、最後まで、僕たち生徒の味方で居続けてくれました。それが、何よりも心強かったです」

僕ら取材班が出席した卒業式では、ひかる君も卒業生として、サムガクでの思い出や今後の抱負などを、大勢の前で語っていた。その堂々とした姿からは、彼がかつて引きこもっていたなんて、想像もつかなかった。サムガクの卒業生の言葉が聞く人の心に響く理由は、彼らが「暗いトンネルから光を見出していった物語」を、それぞれの胸の内に秘めているからなのだ。

愛ですべてを抱きしめる、だから愛されるサムガク

「サムガクは、自分の生き方を自分で決める学校だ。だから、卒業するタイミングも自分で決められる」――これは、創業時に長岡さんが掲げたサムガクのポリシーだ。先に紹介した卒業生のひかる君も、自分の意志で進路を切り開き、次のステージを見定め、自ら卒業することを決断した。だからこそ、卒業式で今後の抱負を語る卒業生たちの言葉は、エネルギーに満ちあふれていたのだろう。

卒業生たちが社会に出て振り返ったとき、サムガクで過ごした在りし日々は、どのような意味や価値を帯びてくるのだろうか――そんな僕たちの問いかけにつき合ってくれたのが、２０１２年度にサムガクを卒業し、現在は旅館の仲居として活躍している清水裕美さんだ。

「すること、いること」が否定されない

清水さんはサムガクに入学する以前、いわゆる〝社会人〟だった。短大を卒業し、新卒で入った会社で事務の仕事に就いた。勤め始めてからしばらくは問題なかったが、ミスをして怒られることが少しずつ増えていった。

「怒られると自信がなくなって、それが原因で同じようなミスをして、また自信がなくなって。負の連鎖から抜け出せず、会社に行くのが段々と苦痛になっていきました。それでも働き続けましたが、ふと気づいたら、社内の人たちがみんな敵に見えてしまっていて……。大げさかもしれませんが、あのとき、この世の終わりを感じました」

苦境のなかで6年間も我慢してきた清水さんの心は、窮地に追い詰められていた。そんなギリギリの状態のときに、彼女はサムガクに出合った。

「心配した親が、ある日私を無理やりサムガクに連れて行ったんです。最初は、『今さら学校なんて絶対に入りたくない』って思ってました。でも、スタッフのみなさんが、私に興味を持っていろ

いろ聞いてくれて。初日のうちから打ち解けて、下の名前で呼んでくれて。呼び捨てで呼ばれることなんてめったになかったんですけど、それが嬉しくて。すごく安心感を覚えました」

サムガクの人たちは誰一人として、彼女がすること、彼女がいることを否定しなかった。それが彼女にとって、どれほどの救いになっただろう。自分の生き方を変えたい——清水さんは決意を胸に会社を辞め、本格的にサムガクに通学し始めた。

「生徒たちを全部ひっくるめて、抱きしめてあげられるような学校」

小学校の頃から、「ものすごくおとなしい子」と周りに言われ続けてきた清水さん。家ではハキハキと話すことができても、学校や会社などではうまく喋れない。それがずっとコンプレックスだった。しかし、サムガクに通い始めてから、彼女は変わっていった。

「サムガクは、とにかく安心できる場所でした。みなさんおもしろくて、いつも私の笑顔を引き出してくれて。なかなか言葉が出てこないときも、待ってくれて。あの環境だったから、少しずつ自分の素《す》の言葉や表情を表に出せるようになっていったんだと思います」

サムガクの授業には型がない。朝は三つのカリキュラムからそれぞれがやりたいものを選んで学習する「チョイスタ」から始まり、「総合的学習の時間」では外部の講師などが教壇に立ち、詰め込みではない生きた知恵を生徒たちに伝える。体験型の「サムガクプログラム」では農業活動や演劇、ヨガにデッサン教室など、毎日バラエティに富んだアクティビティが用意されている。

「とくに印象に残っているのは、言葉の遣い方を考える授業です。『ネガティブな言葉を、どうポジティブに変えるか』を考えて実践するものでした。ちょっと言葉遣いに気を配るだけで、お互いに気分よく1日過ごせるし、それが安心や信頼につながっていくことに気づくきっかけになりました」

サムガクで過ごす日々が、清水さんの凍えしぼんだ心を温め、開いていった。そしてその周りに主体性・自立心が芽吹き始めたのだ。

「私はサムガクで、たくさんの尊敬できる同級生と出会いました。皆、自分のことより他人のことを考えて動いている人たちです。今までは何事にも受け身だった自分が、生まれて初めて『こういう人になりたい。積極的に人の役に立ちたい』と思うようになっていたんです」

憧れ、そして目標とする存在に出会えたことで、前向きに生きる意味と術を見出した清水さん。彼女は卒業後もサムガクを心の底から大切に思っていて、毎年の卒業式には必ず参席している。清水さんにとって、サムガクとはどんな存在なのだろう。

「とにかく〝受け入れ力〟がすごい。一人ひとりが皆、お互いを尊重して認め合っていて、素でいられて、気づいたら笑ってる。『あなたはここにいていいんだよ』って、存在を丸ごと肯定してくれる……そんな場所です。もうね、愛にあふれているんです。サムガクの人たちが大好きすぎて、困ってます（笑）」

少し照れた彼女の笑顔は、本物で、素敵だった。これほどまでに生徒が安心できる学び舎が、今の社会にどれだけあるだろうか。饒舌なわけでもなく、どちらかと言えばクールな女の子に「愛にあふれている」なんて言わしめてしまう場所が、ほかにいくつあるだろうか。清水さんの言葉は僕の胸に強く響き、その余韻は今でもはっきりと残っている。

「どんな学校をつくりたいんだ?」。サムガクを立ち上げる前、若き長岡さんは恩師に聞かれ、こう答えている。

「生徒たちを全部ひっくるめて、抱きしめてあげられるような学校だ」

20代半ばで「30歳までに学校をつくる」と宣誓した長岡さんは有言実行し、仲間たちとサムガクを建学した。在りし日に抱いた信念を貫き、ひかる君や清水さんをはじめ、個性的な生徒たちを全身で、全力で抱きしめる学校に育てていった。彼らの本気の挑戦、これまでの一歩一歩のすべてが大事な意味を持っていて、今の希望に、未来の希望につながっていく。

〝受け入れ力〟と、愛。これが、サムガクの力をひも解くキーワードであり、これからの学校づくりにおいて、真摯に向き合うべきポイントなのかもしれない。

サムガク流「失敗との向き合い方」

「失敗がどうした?」——サムガクの教育観を語るうえで欠かせない(と僕が思っている)パンチ

ラインは数え切れないほどあるが、そのなかでもとくに刺さっているのが、この言葉だ。ここからは、サムガクの現役生（※取材当時）である服部君のストーリーを紹介しながら、彼らの「失敗との向き合い方」に焦点を当てていきたい。

他人は他人で、自分は自分。それでいいと思える場所

服部君がサムガクに入ったのは17歳のときだった。不登校の引きこもり生活が数年続いた後、親の強い勧めを受け続け、彼は半ば強制的に〝送り込まれて〟サムガクにやってきた。

サムガクでは決まった曜日に通う「通学型」と、学生寮で生活しながら通う「合宿型」の二つの学習スタイルが用意されている。服部君は実家が遠いこともあって「合宿型」を選んだ。

最初は慣れない共同生活に戸惑いを隠せず、周囲の人間と積極的にかかわりを持てなかった服部君。年齢も境遇もバラバラながらお互いを尊重し合う寮の空気にほだされて、彼は少しずつ日常を楽しめるようになる。

「寮ではいろんな役割が当番制になっていて、食事当番のときにはご飯の支度を担当します。包丁の使い方もここで覚えて、少しずつ上達していくのが嬉しくて、今では料理好きになりました。夕食を食べた後は、23時の消灯まで自由時間になります。そのときに仲のいい友人たちとはしゃぐのが、一日で一番楽しいひとときです」

サムガクで過ごす、何でもない日々――この〝日常〟こそが、生きることに窮屈さを感じてしまった若者たちに、周りを見渡すゆとりを与えるのかもしれない。

「初めは何もかも受け身で、ただ毎日をやり過ごしていただけでした。でも、ここでは皆が自然体で暮らしていて。いい歳してバカみたいなことをする大人もたくさんいて（笑）。そんな人たちに囲まれていたら、『他人は他人で、自分は自分なんだな』って心から思えたんです」

周りとは違う、違っていいんだ。違うことを、ここの人たちは受け入れてくれる。そう気づけた服部君は、サムガクでの生活のなかで自信を取り戻し、再び「社会と接点を持つこと」を前向きに捉えられるようになり……と一筋縄ではいかないのがサムガクである。

「出来るか出来ないかじゃなくて、やるかやらないかだ」

入学してしばらく経ち、寮生活にも慣れた頃、服部君は高らかに「地元の高校に行きます！」と宣言した。先生や仲間たちは喜び、彼に激励の言葉を投げかけて、サムガクから送り出した。先生たちはその後も定期的に服部君と連絡をとっていたが、どうも歯切れが悪い。根気強く話を聞いていくと、とうとう服部君が白状した。「学校、全然行ってません」と。

その言葉を聞いて、彼のことを一番気にかけていたサムガク教頭の平形さんは、校舎を飛び出した。そして、長野から彼の実家がある千葉まで、脇目も振らずに車を走らせた。

「迎えに来た」と訪ねてきた平形さんを見て、服部君は心底驚いたそうだ。ただ、逃げ出してしまった後ろめたさもあって、絶対に戻りたくないと思っていた服部君は、「車に酔いやすいから行けない」と言い放った。平形さんは動じず、彼にスッと手を差し出した。その手に握られていたのは、酔い止めだった。

「完全に対策されていて、もう抵抗するのを諦めました（笑）。ここまで自分のことを理解して、大事に思ってくれている人の呼びかけに応えないのは、さすがに申し訳ないと思って。振り返ってみると、あのとき先生が迎えに来てくださったことは、僕の人生のターニングポイントだった気がするんです。今でも、めちゃくちゃ感謝してます」

出戻りを経験したおかげで、「腹をくくれた」と言う服部君。その後の彼の変化は著しく、積極的に周囲と交わり、何事にも率先してトライするようになった。そして、彼はサムガクの生徒同士の話し合いで生徒会長に選ばれ、学園全体を引っ張るリーダーを任されるまでに成長したのだ。

取材当時、服部君は生徒会長を務めながら、学園の近隣にある小売店で働いていた。彼にとって、働きに出ることは「逃げ出した社会と再接続すること」と同義であり、そこには高いハードルがあった。「職場の人たちとうまく話せるだろうか」「失敗して、また他人に迷惑をかけたらどうしよう」という不安が大きく、踏み出せない期間も長かった。ただ、サムガクでの学びが、彼の背中を優しく押し出した。

「サムガクで暮らしていると、日々が失敗だらけなんです（笑）。新しいことにもたくさん取り組むし、いろんな人とコミュニケーションをとるし。だから、失敗して当然なんだって思えるようになりました。卒業していった尊敬してやまない先輩たちも、失敗しない人なんていなかったから」

一緒に歩んできた先輩や仲間たちの姿と、サムガクでの全体験から、服部君は「転んでも立ち直ること、歩き続けること」の大切さを実感していた。働いた初日の感想も「やってみると、思ったほどの壁ではなかった」と、それは力強いものだった。服部君は僕たちに「一つひとつの成功に味をしめながら、これからも失敗を怖がらずに挑戦し続けたい」と、晴れやかな声で語ってくれた。

服部君はサムガクでの寮生活で、本当にたくさんのことを学んだ。そのなかでの一番の学びは「学び方を学んだ」ことなのだろうなと、僕は感じた。他人との違いを尊重し、彼らの何気ない言葉や行動に注目し、学びを得ること。そして、失敗を文字どおりの〝失敗〟と思わず、〝成功への必要な過程〟だと捉えて、学びを見出すこと。それらはまさに、「生きる力」だ。

サムガクのパンフレットの裏表紙には、黒板の写真がプリントされている。そこにはチョークで力強く、こう記してある。「出来るか出来ないかじゃなくて、やるかやらないかだ!!」——生きる力を奮い立たせる〝サムガクスピリット〟の宿った言葉の数々は、サムガクの卒業生たち、在校生たちの心に深く刻まれている。それはまだ見ぬ後輩たちだけにとどまらず、彼らがこれから接するたくさんの人たちにも、確かに伝播していくのだろう。

所持金725円からの、サムガク創学ヒストリー

サムガクが多くの生徒たちにとっての希望の灯になっている事実を、3人の生徒のストーリーに乗せて綴ってきた。彼らが母校のことを語るとき、その言葉は力強く、愛情に満ちている。いったいどうしたら、こんなにも〝愛と希望〟にあふれた学び舎をつくれるのだろうか。

そういえば、サムガクの創学ストーリーがもとになっている映画『サムライフ』の宣伝文句には「全財産725円から学校をつくる」と書いてあった。どういうことだ？　そんなことできるわけがない……はずだ。だから、僕は率直に聞いてみた。「長岡さん、当時の全財産が725円っていうのは、ちょっと盛ってませんか？」と。

「ああ、あの謳い文句ね。全財産725円なんて、まずあり得ないよな。『なんだよそれ!?』みたいな話じゃない。正確に言うと、ちょっと違うんだ」

ほら、やっぱりそうだ。少しホッとしたのも束の間、次に続く長岡さんの言葉に、僕は度肝を抜かれた。

「手持ちが725円だっただけで、貯金もなくて、あと借金が4千万あったから」

「え？」

「所持金が725円で、総資産はぶっちぎりのマイナス。でも、『借金4千万から学校をつくる』より、〝725円〟の方がなんとなくキャッチーだろ？（笑）」

不登校の先に潜んでいた、大きな社会課題

長岡さんは大学卒業後、「いつか自分で新しい学校をつくる」という夢を抱きつつ、高校教員の職に就いた。持ち前のやんちゃなキャラクターで、素行不良の生徒や保健室登校、不登校の生徒たちの相談役として活躍した。生徒から長岡さんへの相談があまりに多いので、保健室の先生たちからうらやましがられるほどだった。

教員3年目、長岡さんは自身が受け持つ生徒のお兄さんが「家から出られない社会不参加状態」であることを知る。生徒のお兄さんは25歳、当時の長岡さんと同じ年齢だった。

長岡さんはその生徒の家庭訪問のついでに、お兄さんとも会話を試みた。学校から「生徒の家庭に踏み込みすぎるな」と反対されつつも、長岡さんは自分にできることを模索するため、彼に定期的に会い続けた。

彼との親交のなかで長岡さんが気づいたのは、「『不登校』は学校という基盤があるから成り立つ言葉だ」という事実だった。不登校の子どもたちは、まだ学校の保護下にあるし、社会的にも何らかのケアを受けやすい状態だ。一方で彼のように、学齢期を過ぎてなお〝不登校〟状態から抜け出せず、苦しんでいる人たちが大勢いる。彼らが社会から放置されがちである現状に、長岡さんは危機感を覚えた。

「おそらくこの課題は、ただ不登校支援をやっていても解決しない。もっと包括的に、人が不幸を

乗り越えて、幸福になるシステムをつくるしかないんじゃないか」

このときの直感が、まさにサムガク立ち上げの原点だったと、長岡さんは振り返る。

物欲に夢が負けるのか。４千万の借金で自らを試す

それから、長岡さんは「新しい学校づくり」に向けて、具体的に構想を膨らませた。しかし、彼が往年の夢である学校づくりの話をすると、同僚や同世代の友人たちは皆一様に反対した。

ここで長岡さんは、おもしろい考え方をする。人間、自分の夢の実現に向けて歩んでナンボのものだろう。自分の夢に反対する彼らにだって、きっと夢はあったはずだ。じゃあ、なぜ彼らはそれを断念してしまったのか。

長岡さんは彼らに「お前さ、前に違うことやりたいって言ってたよな？　なんで諦めたの？」と尋ねた。彼らからはこんな答えが返ってきた。「車買っちゃって、ローンあるから。マジ、それ払っていかないと」「ウチのかみさん、家建てたいって言うから、頭金つくるために金貯めないと」……長岡さんは何十人とヒアリング調査を行い、ある仮説にたどりつく。「人は最終的に〝物欲〟で夢を諦めている」と。なんとも残酷で、しかしリアリティのある検証結果だろう。

そこで長岡さんは、自分に問うた。「じゃあ、俺はどうなんだ？」

思い立った長岡さんは、すぐに銀行へ向かった。そして、窓口に着くや否や「家、建てます。教

員っていくらまでローン組めるんですか？」と聞いた。銀行としても高校教師は安全なお客さんだろう。先方は35年後の退職金まで勘定に入れて、20代半ばの前途ある若者にフルローンの提案をしてきた。長岡さんは「ふん、しゃらくせえ！」と、マイホームの建築費プラス車2台分、計4千万のフルローンの契約を、なんとその場で決めてしまったのだ。

この事実だけ追うと狂気を感じるほどの無計画さなのだが（笑）、ここからが長岡さんの思考の真骨頂である。彼は4千万円の借金を背負ったうえで、改めて自分の内なる声に耳を澄ませた。このまま35年教員を続ければ、このローンは間違いなく返せる。いま教員を辞めて、生徒が来るかどうかもわからない学校を立ち上げる〝けもの道〟に飛び込めば、借金に押し潰される悲惨な人生が待っているかもしれない。それでも、自分は夢を追い続けられるのか……彼は自分を追い込むことで、自身の本気度を測ったのだ。そして、長岡さんは答えを出した。

「金は何をやってでも返せばいい、人の倍働けばいいんだ。でも、自分の生き方だけは曲げられない」

こうして長岡さんは辞表を出して、新しい学校づくりの道へ踏み出した。その一歩が、現在のサムガクへとつながっているのだ。

サムガク生を支える多様な職員
――劇団員だった平形教頭

僕は長岡さんのことを、教育現場における超一流プレイヤーだと思っている。彼は就職して間もない高校の一教師だった頃からずっと、目の前の生徒たちと本気で向き合い、彼らの未来を明るく照らし続けている。「２０３０年の学校」というテーマでサムガクを取材しようと決めたのも、僕が長岡さんの教育者としての圧倒的な個性に魅力を感じていたからだ。

しかしながら、サムガクの現地取材を通してはっきりとわかったことがある。サムガクはけっして、創学者である長岡さんありきの学校ではない、ということだ。講演や沖縄分校への出張なども頻繁に入り、同時に経営者としての業務も抱えている長岡さんは、上田の本校にずっといられるわけではない。ここまで紹介してきたサムガクの学びにあふれた学校生活は、長岡さん以外の職員さんたちのたゆまぬ尽力によって守られているのだ。最前線の現場で奮闘する彼らの存在抜きに、サムガクは語れない。

人生の転機となった、東日本大震災

長岡さんはよく「教師は役者じゃなきゃいけない」と話す。その長岡さんに「プレイヤーとして惚れて、サムガクにスカウトした」と言わしめたのが、上田校の教頭を務める平形有子さんだ。宮城県南三陸出身の彼女は、朗読上手の母親の影響を受け、幼少期から物語に魅せられてきた。その興味は次第に演技へと移り、高校では演劇部に入って青春を舞台に捧げた。平形さんは「この頃にはもう『演じること』は、私の人生のテーマになっていた」と語る。

高校を卒業した後、平形さんは一度就職をした。食品会社で正社員として働きながらお金を貯めつつ、プロの演劇の世界に飛び込むチャンスを虎視眈々と待った。そして、彼女は入社3年目で会社を辞め、劇団「東京キッドブラザース」に入団。研究生として2年間の修行を経て、晴れてプロの役者として舞台に立つようになる。その後、一度は所属する劇団を変えながらも、平形さんは12年間、役者という生業に没頭した。

演じることと向き合い続けた末、平形さんは役者人生にいったん区切りをつけ、通信制の大学に入って学び直す決意を固める。「大卒の資格をとって、自分の未来の可能性を広げたい」と意気込んだ彼女は、学費のためにほぼ毎日アルバイトをしながら、わずか2年の間に100単位以上の講義を修了して、卒業の要件を満たしたのだ。

その大学の卒業式が、平形さんにとっての新たな挑戦のスタートラインとなるはずだった。しかし、彼女にとっての人生の転機は、式が明後日に迫っていた3月11日、何の前触れもなく訪れた。日本中を揺るがした、東日本大震災である。

平形さんはすぐに故郷の南三陸に戻った。壊滅的な被害を受けた街の片隅で、彼女の父親は自治会長として被災者支援の陣頭指揮を執っていた。平形さんは父親のサポートをしつつ、全国から集まってくる支援物資の分配の指示・管理や、災害情報を共有するためのローカルラジオ局の立ち上げに携わった。

ここで紹介しきれないのが残念だが、住民主導でのラジオ局開設の取り組みは全国的にも注目を浴び、その一連の物語は後に『ガレキとラジオ』というタイトルで映画化されるほど、熱くドラマチックだった。平形さんは1年間、故郷の復興の足がかりをつくるため、懸命に走り回り続けた。

平形教頭だからこそできる、舞台型教育

そしてここから、ようやく平形さんの人生にサムガクが登場する。当面の役割を全うしたラジオ局が閉局したタイミングで、彼女は長岡さんの誘いに応え、サムガクの運営に加わることとなる。

実は、長岡さんは初めて役者時代の平形さんに出会ったときから、何度も「サムガクに来ないか？」とスカウトを繰り返していたのだ。なぜ長岡さんは、教育とは無縁の世界で生きてきた平形さんの存在に、そこまでこだわったのだろうか。

その答えは、毎年サムガクの学園祭で行われる、生徒たちの舞台発表に凝縮されているように、僕は感じている。

学園祭での舞台発表は、サムガク生にとって特別な意味を持つ。サムガクでの学びの成果を、親族をはじめとした学外の人たちにアピールする、格好の機会となるからだ。平形さんは演出家として、生徒たちオリジナルの舞台づくりをサポートしていく。彼女は一切の妥協をせず、プロの目線で生徒たちの演技指導に当たる。その様子は傍から見ると「素人相手にそこまで……」と感じてしまうくらいの本気度だ。

サムガクの生徒たちは、けっして自分を表現するのを得意としてはいない。しかし、この舞台では生徒一人ひとりの個性や経験、本音が物語に練り込まれていく。すなわち、役を演じることがそのまま「自らの過去の葛藤や絶望をさらけ出し、いま抱えている想いを精いっぱい叫ぶ」ことにつながるのだ。他人から評価されることに怯えがちだった生徒たちが、役に投影した「こうありたい」と願う自分像を演じることで、一皮も二皮もむけていく――平形さんの存在なくして、この濃密な舞台型の教育は生まれなかっただろう。

彼女が人生をかけて培ってきた技術や経験則は、それまでいた場所とはまったく異なる教育現場で、いっそうの輝きを放っている。

僕はサムガクがなぜ、波乱万丈な人生を送ってきた生徒たちを懐深く受け止めて、信頼関係を紡いでいく場になり得ているのか、ずっと気になっていた。今回、平形さんのストーリーを聞くなかで、その謎を解く大きなヒントをもらえた。教育学部を卒業して、まっとうに先生になった人たちだけではフォローしきれないような現場の諸課題を、サムガクでは職員の多様性を尊重・活用することで解消している。

平形さんのように生徒と同じくらい、もしくはそれ以上にダイナミックな遠回りを経験してきた人たちの存在こそが、包摂力あふれるサムガクの学習環境を支え、生徒一人ひとりに漏れなく光を注いでいるのだ。

「脱ナガオカ」を掲げる、栗原校長

長岡さんは著書『ＨＯＰＥ』（サンクチュアリ出版、２０１８年）で、サムガク創業から数年が経ち、学園の運営が安定してきた時期の胸中を克明に綴《つづ》っている。彼はこの本に、長期的な視座で自身を「シンボリックではあるが、いつかいなくなる存在」と捉えていて、だからこそ「ナガオカ＝サムライ学園」というイメージを１日も早く払拭することが今後の課題だ、と書いていた。

非常に個性の強い創業者がいるとき、組織のなかから次世代を担い得る人材がどれだけ出てくるかは、組織の将来の伸びしろを占う試金石になる。ここから紹介するのは、未来のサムガクの大きな一翼を担っている、サムライ学園上田校の現校長・栗原渉さんのエピソードだ。

夢を語るバーでの出会い

「なんかおもしろい飲み屋があるから行こうぜ。元教師が店員やってるんだよ」

2002年、長野大学の学生だった栗原さんはそう友人に誘われて、上田の「バールハイド」というう名のバーを訪れた。そこは、長岡さん率いるサムガクの創業メンバーが、サムガクよりも先にオープンさせた店だった。「学校の創業資金を稼ぐために、まずはバーをつくった」というのも、長岡さんらしいユニークな発想だ。

「よくしゃべるチャラい人がいるなあ」――栗原さんが抱いたバールハイドでの長岡さんの第一印象は、こんなだったそうだ。当時、栗原さんは20歳、長岡さんは28歳だった。すぐにほかの創業メンバーとも意気投合した栗原さんは、店の常連となった。夢に向かって突き進む若者が集まるバールハイドで語り明かした日々は、栗原さんにとって青春そのものだった。そして、ドラマのようなサムガク創業までのストーリーを、間近で観劇した栗原さんの心には「彼らと一緒に何かやってみたい」という思いが、小さく芽生えた。

2004年、ついに長岡さんは集めた資金で校舎を取得し、サムガクを始動させた。同年、栗原さんは大学を卒業し、地元群馬のドラッグストアに正社員として就職した。当初はサムガクの存在に後ろ髪を引かれたが、日々が流れ仕事にも慣れてくると、その頃の熱は少しずつ冷めていった。

バーの店長から、サムガクの先生に転向

「バールハイドがつぶれそうだ。店長求む！」――入社して９ヵ月目、長岡さんのこんなブログの記事を、栗原さんは見つけてしまった。「これ、オレ呼ばれてるのかも」。栗原さんに芽生えていた熱は、まだ冷めきっていなかった。

「バーの店長になる」と言い出した彼に、両親は猛反対した。「１００万あげるから、頼むから今の仕事を続けてくれ」とまで言われたが、「青春の場所を潰したくない」という決意は固く、彼は再び地元を飛び出して上田に帰還、バールハイドの店長に就いた。

「バーの店長だけやらせておくのはもったいない」――人間関係を大事にする丁寧な仕事ぶりが長岡さんの目に止まり、栗原さんは２００８年から、サムガクの学校運営にも携わるようになった。学園での業務は多岐にわたり、担当する生徒たちの面談から授業の設計・実施・振り返りはもちろん、学校運営に関する事務から広報までこなしたそうだ。

サムガクでの濃密な時間は、あっという間に過ぎていった。そしてある日、長岡さんから「サムガクの校長にならないか」と打診を受ける。気づけば栗原さんはサムガクで一番長いキャリアを持つ職員になっていた。仕事への手応えもつかみ始めていた栗原さんは、２０１３年に満を持して校長に就任した。

希望に浮かれず、絶望にも屈しない。等身大の校長

栗原さんは校長になる際、とある目標を掲げた。それが「脱ナガオカ」である。現場で起きるさまざまな問題について、現場のスタッフたちが自分で考え、チームとして対応できるシステムの構築に尽力した。それまで長岡さんに頼りがちだった意思決定を、なるべく現場で下すようにしたのだ。

栗原さんはそのために、現場でのコミュニケーションの量を増やし、楽しく仕事ができる「空気づくり」を徹底した。すると、キャリアの浅いスタッフたちがどんどん成長していき、生徒たちにもスタッフ間の楽しそうな雰囲気が伝わって、学園全体が活気づいていった。

栗原さんと話していると、肩にまったく力を入れることなく、自然体で仕事に取り組んでいることが伝わってくる。さまざまな重い過去を持つ子どもたちの人生と向き合う仕事だから、大変なことは多いだろう。しかし、彼は苦労や苦悩も含めて、出来事のすべてを楽しんでいる。僕は栗原さんほど、地に足をつけて、目の前の生徒や学園づくりを楽しんでいる学校のリーダーに会ったことがない。

もしかしたら、最初から「若者たちの自立支援をしなければ！」という使命感を持ってサムガクに来ていたら、栗原さんはとっくに挫折していたかもしれない。彼の言葉を借りれば、「仕事は基本的にうまくいかないことの方が多い」のだから。しかし、栗原さんは目の前のことにどっしりと、

〝等身大〟の自分で取り組める能力があった。過度な気負いもなければ、卑下しすぎることもなく、希望に浮かれないからこそ、けっして絶望もしない。このメンタリティは今の時代、とても大きな強みだろう。

「校長なんて、あだ名みたいなものですよ」

そう言って栗原さんは毎日、玄関の靴をキレイに揃える。みんなが気づきにくい箇所にこそ心を配り、みんなが嫌がりそうな仕事を積極的に引き受ける。脱線してでも走り続けて道を切り拓く長岡さんとは違ったリーダーシップで、今のサムガクをどっしりと支えている。そんな栗原さんの１年で一番の喜びは、「卒業式の入場の際に校長として一番前を歩けること」だと話してくれた。

「入学するときは本当にしんどい表情をしている生徒が、笑顔になって卒業していく。１年間の苦労が報われる最高の瞬間です。ほかの３６４日の苦労は、あの１日のためにあるんですよ。サムガクの仕組みは、これからの日本に必要だと思います」

そう語る栗原校長の瞳に、僕はサムガクの明るい未来が映っているように感じた。

今に誠実だから、楽観的
――公立高校からサムガクへ転職したある教師の物語

平形さんと栗原さんは、共にこれからのサムガクを背負って立つリーダーである。ここでサムガクの先生をもう一人だけ、赴任してきたばかり（取材当時）の新米先生である齋藤匡彦さんのストーリーを紹介したい。僕と同世代の彼は、その若い感受性でサムガクに何を感じて、その身を投じたのだろうか。

「来るか来ないかは、お前が決めてくれ」

齋藤さんの出身は、サムガクのある長野県上田市。小学校から歴史好きで「歴史を仕事にできるのは、先生だ！」と、早くから教師の道を志した。高校卒業を機に故郷を離れ、奈良県の天理大学で歴史を学んだ。

大学卒業後、齋藤さんは長野に戻り、公立高校の講師として教壇に立った。そして、ほぼ毎週金曜の夜には、サムガクのスタッフたちがつくったバー「バールハイド」に飲みにいく日々。ここの常連になれば、必ずと言っていいほどサムガクのメンバーと仲良くなる。この店に来て初めてサムガクを知った彼は、「いつの間にかそんな学校ができていたのか、ゼロから立ち上げたなんてすごいな」と、他人事として感心していた。

２０１７年、高校教師になって3年目の秋のとある夜、意気投合している平形教頭と一緒にバールハイドで飲んでいた齋藤さんは、「公教育だけでなく、違った仕事もしてみたいなぁ」と、独り言のようにボソッとつぶやいた。今の仕事にそこまで不満があるわけじゃない、ほんの思いつきで出た言葉だ。けれども、平形さんはその兆しを見逃さなかった。

「だったら、サムガクにおいでよ」

「へ？」

あまりにも想定外の誘いに、「最初は冗談かと思った」と言う齋藤さん。しかし、平形さんは本気だった。その思いに呼応して、彼も少しずつサムガクに興味を持ち始める。

具体的に転職について悩み出してしばらく経ったある日、いつものようにバールハイドに飲みに出かけた齋藤さんは、とうとう理事長の長岡さんと初めて顔を合わせた。長岡さんは「お？　お前がウワサの齋藤か！」と、気さくに彼に話しかけた。

「うちのスタッフが『お前がいい！』と言っている。俺は、スタッフのことを信じてるから、採用理由としてはそれで十分だ。来るか来ないかは、お前が決めてくれ」

長岡さんからの言葉に思いが高まった齋藤さん。涙目になりながら、その場で「よろしくお願いします！」と答えた。

着任して間もない齋藤さんに、サムガクで過ごしてみて思ったこと、感じたことを尋ねてみた。

「慣れないことだらけだけど、充実してます。おもしろいことも、怖いこともたくさんあって」

怖い、というのは？

「自分の言葉が生徒たちにちゃんと届いてるのかな、とか。自分が入ったことで、サムガク全体の動きが悪くなってないかな、とか。自分の未熟さを痛感する毎日です」

高校では「授業を全力でやるのが仕事だった」と語る齋藤さん。しかし、サムガクで一番に求められるのは、そこではない。もちろん授業もするが、それ以上に「生徒たちと本心で向き合い、関係を解きほぐすこと」が重要になる。

一人ひとり違う背景を持つなかで、それぞれの生徒と「本気で向き合う」ためにはいったいどうすればよいか――斎藤さんは日々、そんな問いを抱え続けていると言う。これは、サムガクだけではなく、すべての学校現場で突きつけられている問いだと、僕は思う。

自分を偽らない、〝今〟に手を抜かない

齋藤さんは、あるテーマを持って生徒たちと向き合っていた。それは「どれだけ〝嫌われる勇気〟を持てるのか」だそうだ。

「生徒たちに甘く接して気に入られる方が楽なんです。厳しく注意しなければならないときに、毅

然と接することができるかが大事。生徒が本当に必要としている言葉を、切実に、真摯な態度で届けなくてはいけないから」

しかし、正しい厳しさは時として、弱い立場の人間を必要以上に追い詰めてしまう。強度のあるコミュニケーションに不可欠な信頼関係を築くために、どのような行動を意識しているかと尋ねてみた。

「とにかく話しかける。自分を偽らないで行動する。俺ってこういう人間だよと、できるだけ自己開示する。そして、何かを伝えるときは、常に真摯に」

彼の言葉には裏表がなく率直で、聞いていて気持ちがいい。なぜこれほどまでに清々しいのかと不思議に思っていたが、その理由は彼との対話の最後にわかった。僕が「これから、サムガクをどんな学校にしていきたいか？　どんなビジョンを持っている？」と質問をしたら、彼はこう答えたのだ。

「未来のことはあんまり考えないんです。いま手を抜かずやっていれば、先はきっと大丈夫かなって」

おお！　これだ！

目の前のことに全エネルギーを注ぐ集中力。この潔さこそが、彼の言葉の気持ちよさを生んでいるのだと気づいた。

20代の後半を生きていた僕たちは、余計な悩みばかり抱えてしまっていた。今の仕事は自分が求めていたものだったのか、自分の力を最大限発揮できている職場なのか、と。そして、周りの成功や成長ばかりに気をとられてさらに焦り、目の前の仕事が疎かになる。この世代特有とも言える「〝隣の芝生は青い〟病」だ。

そんな病を蹴散らして、「先なんて計算できないんですよ」と言う彼の言葉は、サムガクの創業者たちと同様、あまりに楽観的だ。しかし、これまで紹介してきたように、今に誠実であるがゆえの「楽観」があるからこそ、サムガクはすばらしい学び舎になっている。齋藤さんは、この学園らしさを象徴する大きな遺産を受け継ぎながら、サムガクの新たな柱に育とうとしている。

長岡さんに見るリーダーシップの動と静

サムガクがフラッグシップになった理由

サムガクは2019年、創立15周年を迎えた。この節目に発行された記念パンフレットの冒頭には、長岡さんの情熱に満ちた名文が載っている。

「金なしコネなし経験なし。ただ覚悟と未来だけは沸騰していた。たった2名の生徒と5名のスタッフ。名前は侍学園。（中略）運がいい人も運が悪い人もいない。運がいいと思う人と運が悪いと思う人がいるだけだ。くだらない見栄や役に立たないプライドを捨て、もういい加減言い訳だらけの人生から卒業しよう」

彼らしい言葉遣いだ。そして内容は、誰の耳にも痛い。もう少し引用を続けたい。

「大切なのは自分が決めたことは『やりつづけること』で『あきらめないこと』。どんなに苦しいことがあっても、どんなに悲しいことがあっても、必ず全てに意味がある。（中略）この国で悲しみに暮れる闇があったなら、それをそっと照らすランプであろう」

暗闇をそっと照らすランプ――まさにサムガクの15年間の軌跡を象徴する表現だ。

立ち上がった頃は毎月５万円の家賃支払いにすら苦心していたサムガクは、今や年間２億円の予算を組めるほどのグループになった。その間に僕は、長岡さんのように使命感を持った若手ＮＰＯ経営者が、志半ばで舞台から退場していく悲しい姿を、何度も目撃してきた。なぜサムガクは生き残り、全国に鳴り響くフラッグシップになれたのだろうか。

そのヒントを教えてくれたのは、経理や総務など事務の専門家としてサムガクを支えてきた久保さんだ。長岡さんの経営者としてのあり方を、おそらく最も長くそばで見てきた久保さんは、彼についてこう語った。

「長岡理事長はサムガクを始めてから今まで、ほとんどぶれていないと思います。彼の『相手の人生を一緒に背負うつもりで、生徒たちと親身に向き合え！』という姿勢が一貫しているからこそ、生徒たちも、先生たちも変化していくのです」

軸がぶれないリーダー。「言うは易く、行うは難し」だろう。

長岡さんの人となりがよく伝わるプレゼンテーションが、YouTubeにアップされている。プレゼンの連続カンファレンス「Ted×Saku」でのプレゼンだ。YouTubeで「TED長岡」と検索すれば出てくるので、ぜひ見てほしい。

白い長ズボンに、すらっとした出で立ち。その外見からは、彼が教育者だと判断するのはむずかしいかもしれない。言うなれば、新興の美容院グループを牽引する青年実業家という感じだろうか。彼は見た目が派手なのだ。そしてまた、息を飲むほどに雄弁である。彼の言動のダイナミズムには、誰もが目を奪われてしまうだろう。

しかし、こうした長岡さんの「動」は彼のリーダーシップの一側面でしかない。僕は長岡さんに聞いてみた。新しいプロジェクトをつくるときにどんな準備をするのか、と。

「とにかく考える、それだけ。自分が考えに考えて『いける』と思って勝負したことで、うまくいかなかったことはほとんどないよ」

長岡さんは全事業・プロジェクトについて、自身のなかで発酵とも言える長い潜伏期間を通過させている。冷静に、深く、状況や要因、現有資源や仲間のパワーを想定して、目標に至るまでのシナリオを徹底的につくりこむのだ。

納得できるシナリオができれば、あとはそれに沿って事を進めるだけ。その勢いは、電光石火。周りから見れば、思い切りのよい決断と行動力だけが目につく。しかし、彼が動き出したときには、彼のなかではもうあらかた片はついている。『北斗の拳』の「お前はもう死んでいる」ではないが、「もう思考実験はすべて済んでいる」わけだ。

僕が取材で改めて感じたのは、そんな長岡さんの「静」のリーダーシップの強さである。冷静沈着な姿勢と、勝ち筋が見えるまで熟考に熟考を重ねる慎重さこそが、彼の「信念としての軸のぶれなさ」を支えている。

命のもろさに気づき、生まれた死生観

長岡さんは、日頃から自身の行動原理を言葉にして確認している。

「自分の人生の目的は、他人を幸せにすることの追求」

「大変な状況にある人たちに対して、プラス1を与えられる存在でいること」

「使命を全うする。ぶれたら生きていく理由が見つからない」

死生観のようなものすら漂う長岡さんの言葉の裏側には、彼が10代の頃に患った大病の経験が根を張っている。「もう歩けないかもしれない」という絶望的な恐怖が、彼に〝命のもろさ〟と向き合う時間をつくり、そのなかで彼は今のサムガクにつながる思念を培った。

絶望を知らない僕たちは、どう死生観を体得していけるのだろうか。それはいよいよ、感受性と想像力の勝負になってくる。他人の苦境や悲しみに、どれだけ寄り添うことができるのか。これに

は、長年の生き方の工夫と努力が必要だと思う。感受性と想像力を絶やさず生きていきたい。

長岡さんは、次の10年の道のりをどう描いているのだろう。「早く引退したい（笑）」と冗談をはさみつつも、彼はこう答えた。

「この15年でサムガクという船はできた。次の10年は、この船と一緒に並走してくれる船をいかにつくるか。上田をベースにして、未来の教育者・支援者を育てたいね。『じゃあ、お前は地元でどんな人間をつくるんだ？』っていう問いに、自分の言葉で答えられるような人たちを」

その芽はすでに、サムガク沖縄校や東京校で育ち始めている。きっと2030年になっても、長岡さんの軸はぶれない。さて、じゃあ僕たちの軸はなんだろう？

サムガクが投げかけるもの
――学校の持つ無限の可能性とやさしさについて

サムガクと初めて出合ったのは2014年。それから今に至るまで、ことあるごとに僕は長野の上田に彼らを訪ねた。彼らには、何度も何度も足を運ばせてしまう中毒性「サムガク・アディクション」があるのだ。僕はサムガクに初めて出合ったときの衝撃をいまだに忘れることはできないし、彼らを知れば知るほど、その底なしに深く温かい懐にぐいぐいと引っ張り込まれてしまう。

僕が感じる彼らの魅力は大きく二つある。そしてこれらは、今の日本の学校現場をよりよくしていくためのカギであると思っている。

領域を自由に横断するサムガクの多様性

一つ目は、彼らが持つ「サムガク生態系（エコシステム）の多様さ」だ。ここでも紹介してきたが、創業者の長岡さんは教師中退からショットバーのオーナーを始めた。校長の栗原さんは、薬局の正社員からそのバーの店長になった。教頭の平形さんは、プロの役者から学芸員、震災復興のラジオ局員を経由してサムガクにやってきた。「やれやれ。学校なのに何なんだ、この変わり者の集団は……」と、文字だけで見たら目を疑いたくなるような肩書きが並ぶ。

しかし、それこそが彼らの強みなのだ。実際にサムガクに足を運べば、よくわかる。彼らの圧倒的な多様性に触れると、教員になるための教育を受けて大学を出た先生たちが集まる〝普通〟の学校にはない包容力が、そこに宿っているように感じられる。

サムガクの先生たちは、いろいろな人生を知っている。だから、うまくいかないことに対して、本当に寛容だ。どんな挫折でも、穏やかに受け入れてくれる。

また、サムガクは学校運営を中心としながらも、生徒の就労支援の出口を考える観点から、飲食店や美容院などさまざまな事業を展開している。そして、若い教職員は各店舗の手伝いに頻繁に駆り出される。これが彼らにとって、学校世界のなかでは得られない見識・経験を養う格好の機会になっている。地元である上田の行政や住民との深い関係性がなせる技でもあるのだろう。

サムガクの門を叩く生徒は、大きな挫折や失敗経験を抱えていることが少なくない。そんな人たちにとって、サムガク生態系の多様さはきっと救いになるだろう。学校の成績や友人関係だけで閉じていない、とんでもなく広くて深い世界を、サムガクは体現している。

僕たちは、そしてみなさんは、どんな経験を積んできた人生だっただろうか。どんな自負を持っているだろうか。サムガクの個性的な教職員（彼らはスタッフと呼ぶが）と話していると、それを問わずにはいられない。

リーダーの覚悟、有限の人生に掲げる使命

二つ目は、「リーダーの覚悟」。僕は最近、死生観について考える機会が増えた。息子が生まれたせいもあるのだろうか。寝返りを打つ彼を見て、ふと「この子は僕が死んだ後の世界も生きていくんだよな」と未来に思いを馳せる瞬間がある。

息子が誕生したとたんに、何年か先のことの解像度が一気に増した。彼はいま保育園に通っている。４年後には小学校に、７年後には中学校に入るのだ。そんなときに、もし僕自身が大病や事故、

戦争に巻き込まれたらどうなるだろう。もし万が一、命を落としたら……。

先日、カメラマン兼猟師である幡野広志さんの著作『ぼくが子どものころ、ほしかった親になる。』（ＰＨＰ研究所、２０１８年）を読んだ。余命宣告を受けた35歳の写真家の父親が、２歳の息子に伝えたいことを綴った本である。

僕と5歳しか違わない幡野さんが患った大病は、多発性骨髄腫というガンだ。２歳の愛くるしいわが子との別れが、高い確率で近いうちに訪れると突然宣告される——それから幡野さんは、残された最後の時間とエネルギーを、家族とやり残した仕事に向けていく。

こういった物語に出合ったとき、僕たちは人生の残り時間について思いを巡らせ、自分の人生の〝使命〟について考えるのかもしれない（というより、本当はそんなきっかけがなくても、僕たちは時々、死と、「それまでどう生きるか」に、思いを馳せるべきだろう）。

この〝使命〟という言葉をよく使うのが、長岡さんの〝らしさ〟である。彼自身も若いときの大病の経験から、常に自分自身の持ち時間を意識して、ある意味前のめりに生きてきた人間だ。

そして、サムガクの先生たちもまた、長岡さんに感化され、それぞれの使命感を持っているように感じられる。校長の栗原さん、教頭の平形さん、新人スタッフの齋藤さんに至るまで、使命を果たそうとする長岡さんの覚悟が伝わっているし、共有もしている。それは、他人の人生を受け止めるための〝命と向き合う覚悟〟だ。僕はその覚悟がもたらしてきた希望の物語の数々に、教育現場の明るい未来像を重ねている。

学校のあり方はもっと自由だ

「生態系の多様さ」と「一人ひとりの覚悟」——この二つの要素がサムガクに圧倒的なやさしさをもたらし、誰もが「自分の居場所だ」と感じられる学び舎をかたちづくっているのだ。「普通の学校じゃないからできるんだ」と言うのはナンセンスだ。そんなやさしくない普通なんて、早く解体されてしまえばいい。

他人に特別視・問題視されてきた子どもたちが、サムガクに来て初めて普通に接してくれる仲間と、自分の人生について真剣に考えてくれる大人に出会う。過酷な人生を耐えるためにできてしまった頑丈な殻は、サムガクのやさしさで少しずつ溶けていく。「学校とはこんなにも人間を救い、羽ばたかせられる場所になれるんだ」と、僕は毎年、サムガクの卒業式を訪れるたびに感じる。

僕らは、学校や先生のあり方を決めつけすぎてはいないだろうか。人と向き合うときの覚悟をおざなりにしてはいないだろうか。サムガクは、学校という場所がどこまでもやさしくなれるという事実を、僕らに証明している。そして、併せてこう叫んでいるように感じるのだ。「学校が持つ可能性は無限だ」と。

学びnote

- 所持金725円からでも、情熱と信念があれば学校はつくれる。信念の原点は、長岡さんの持つ死生観と使命感。「大変な状況にある人たちに対して、プラス１を与えられる存在でいること」。

- リーダーシップには動と静のバランスが大事。大胆な決断や派手な行動の裏には、膨大な「静」の思考が隠れている。とにかく考えて、考え抜いて「いける」と思うまで勝負しない。

- 学校の生態系は多様であれ。学び舎として、どれだけ豊かなバックグラウンドを持つ人たちとのつながりを持てるのかが、その場の持つ優しさにつながる。

- 失敗に寛容であれ。一つひとつの失敗を快く受け入れ、徹底的に向き合う姿勢が、「人生回り道してナンボ」という力強い楽観を生む。

- サムガクが、社会からこぼれ落ちた人たちにとっての最後の砦である理由。「どんな状況でも、最後まで生徒たちの味方でいる」という覚悟。

第5章

大槌の教育復興

（右）前大槌町教育委員会教育長・伊藤正治先生
（左）大槌町教育委員会教育専門官・菅野祐太さん
大槌学園の前にて

僕がどうしようもなく大槌に惹かれる理由

僕が最近、夢中になっている町がある。それは、岩手県の大槌町だ。

東京から大槌までの道のりは、ちょっとした小旅行である。まずは東北新幹線で2時間半、宮沢賢治ゆかりの地、新花巻へ。そこからローカル線に2時間ほど揺られると、鉄とラグビーの町、釜石に。さらにバスに乗って20分、ようやく大槌につく。

ひょっこりひょうたん島のモデル、蓬莱島が望める美しい海岸沿いの景色は、大槌で暮らしを営む人々、大槌を訪れた人々の心を癒してくれたはずだ。そう、かつては。

今、その島と海岸線の間には、鉄の要塞のような防波堤が築かれている。

漁業と鉄鋼業で栄えた大槌は、2011年の大津波で徹底的に破壊された。あれから7年後の2018年（取材当時）、町全体に5メートルほどの高さの土が盛られ、新しい住宅が着工し始めている。

震災ボランティアから「教育専門官」へ

僕がこの町に毎年通っているのは、一人の先輩がこの町に根を張って、楽しそうな仕事をしているからだ。彼——菅野《かんの》裕太さんはそれを「教育の復興」と呼ぶ。

僕が菅野さんに出会ったのは、ちょうど早稲田大学に入学した2007年のことだ。たまたま参加した教育系サークルの新歓コンパに、彼がいたのだ。そこで学生リーダーを務めていた菅野さんは、当時からアツい先輩だった。気さくで明るく、皆をまとめる力がある。そのうえ、人の心の機微によく気がつく、いい男だった。

菅野さんは大学を卒業するとリクルートに入社。出世コースの王道である部署に配属されて、バリバリ働いていた。しかし彼は、東日本大震災の後、被災地で子どもたちの学習支援をするために、会社を辞めて大槌に移住した。

震災当時、多くの若者が東北でのボランティア活動に向かったが、そこに根を張って7年も活動を継続している人は多くはない。しかも、彼は役所の人たちからの信頼を得て、2017年からは町の教育委員会付きの「教育専門官」という、謎の役職に就いていた。

「いやいや、菅野さん、教育専門官ってなんですか？」

その話を初めて聞いたとき、思わずツッコミを入れてしまった。聞き覚えがないのも当然だ。それは菅野さんが町全体の教育にコミットするためにつくられた、完全オリジナルのポジションだったのだから。

僕は毎年ことあるごとに、大槌に足を運んでいる。菅野さんに会いに行く……というのは、もはや〝ついで〟だ。この町のあり方、風景、暮らす人々が、単純に好きになってしまったのだ。

大槌を訪れた際は、NPOカタリバが運営する「大槌臨学舎」に顔を出す。被災した子どもたちのための学び場としてスタートし、立ち上げには菅野さんも尽力した。今は地元の子どもたちにとって、放課後の大切な居場所となっている。

僕はそこで、いつものバングラデシュやガザ、ソマリアでのドタバタ劇をまとめた落語（のようなもの）講演会をやるのだが、これが毎回好評をいただいている。僕の自虐ネタの興行で、大槌の子たちが腹を抱えて笑ってくれる。この臨学舎にはたくさんのドラマが詰め込まれているのだが……その話は後々に登場するので、楽しみにしていただきたい。

〝無理ゲー〟からの出発

さて、ここで僕が本題としたいのは「大槌の教育復興」について、だ。この町の教育現場が震災後に立たされた状況は過酷を極めていた。僕たち世代の言葉でいえば〝無理ゲー〟感に満ちたありさまだった。

２０１１年に起きた東日本大震災は、大槌からあまりに多くのものを奪っていった。震災での死亡者、行方不明者は合わせて約1、３００名。小・中学生も5名が犠牲になり、自身は助かったものの、父親や母親を亡くした子どもの数は40名を超えた。彼らの悲しみ、恐怖、喪失感、絶望は、どれほどのものだっただろうか。

町長を含む町の職員の多くも、津波で命を落とした。対策本部が設置された大槌役場にも津波が到達し、そのほとんどを飲み込んでしまったからだ。

教育施設も、ことごとく破壊された。町内に7校あった小・中学校のうち5校が津波・地震・火災で倒壊し、使用不可能になった。被災した直後の大槌小学校の写真を見た。瓦礫に囲まれ、黒焦げになった校舎。その成れの果ては、僕がガザで見た戦争後の小学校の廃墟の記憶と重なるほど、痛ましいものだった。

しかし、大槌の教育の復興は、迅速で力強かった。震災から約1ヵ月後の4月20日に始業式、その5日後には入学式も開かれ、学校機能が復活した。小学校4校の児童が、被害を免れた吉里吉里《きりきり》小学校の校舎に集まり、体育館をパーテーションで区切って授業が再開されたのだ。同年9月には仮設の小学校棟2棟、中学校棟2棟、体育館棟1棟が完成した。

この間、教育長の肝いりで小中一貫教育構想が練られ、その柱として日本で初めて「ふるさと科」が創設された。ふるさと科は復興・防災についての学びがベースとなっており、大槌のこれまでの〝来し方〟を振り返り、〝行く末〟を体現していく教科だ。そして2016年には、〝小中一貫教育〟を行う義務教育学校「大槌学園」が開校した。

これから焦点を当てるのは、大槌町の教育長（取材当時）である伊藤正治さん、そして僕の愛すべき先輩である菅野さんだ。祖父と孫ほどの年の差コンビが、どのように教育復興に挑んだのか……彼らの挑戦の足跡は、今の日本の先生たち、ひいてはバングラデシュの洪水に苦しむ町の先生たちにとっても、大きな気づきがあるはずだ。

まずは2011年の3月11日に、この町に何が起きたのか。震災によって何が破壊され、奪われたのか、伊藤教育長の実体験からひも解いていきたい。〝あの日〟の描写なくして、この町の教育を語ることはできないから。

大槌の教育の行き詰まり。そして3・11

2011年3月11日。岩手県大槌町を、大きな地震と、高さ20メートルを超える津波が襲った。町は壊滅的な被害を受けた。当時の町長や幹部職員も含め、災害対策本部の設置業務に当たっていた約40名もの役場職員が津波に襲われ、帰らぬ人となった。この町の教育長・伊藤正治さんも、一度は波に飲まれ、死を覚悟した。しかし、いくつかの偶然が重なって、奇跡的に一命を取り留めた。

「生かされた」と、彼は言った。

「陣屋遊び」は〝プロジェクト型学習〟

伊藤さんは1948年、大槌に生まれた。当時の大槌は県内の沿岸部のなかでも漁業が盛んで、隣町である釜石の新日鉄製鉄所で働く工場従事者の住まいも多く、自由闊達な空気に満ちた町だった。昼時にはもう、朝一の漁から戻った漁師や夜勤明けの鉄鋼マンたちがそこかしこで宴を始めており、その賑わいは毎日、夜更けまで続いた。

人と自然に恵まれた大槌の町で、伊藤さんは充実した子ども時代を過ごす。当時の大槌の小学校は１クラス45人学級。先生や教室の数が足りなくなって、時に50名学級ができるほど、子どもの数は多かった。

当時の遊びで伊藤さんがとくに好きだったのは、年に一度の大イベントであった「陣屋遊び」だ。こどもの日の５月５日、大槌の子どもたちは地域ごとにいくつかのチームに分かれて、自分たちで木や竹を組んで即席のお城を構え、たくさんの旗で装飾して〝陣屋〟と呼ばれる陣地をつくる。

陣屋づくりは、子どもたちにとって一大プロジェクトだった。中学生が、お城を彩る立派な虎舞《とらまい》の絵を描いた。旗はすべてお手製で、年少の子どもたちは上級生に教わりながら、世界各国の国旗をこしらえた。当時の子どもたちは皆、その過程で世界の国の名前と国旗を覚えてしまったそうだ。そして迎えたこどもの日、子どもたちはお母さんがごちそうを詰め込んでくれた重箱を持って陣屋に集まり、それを皆で食べるのだ。

もちろん、仲よく外でご飯を食べておしまい、ではない。ここからが陣屋遊びの本番だ。それぞれの陣屋には大将が守る〝お宝〟があり、そのお宝を争奪し合うのだ。「敵が来たら色水をかけてやろう」「夜討ち朝駆けだ！」と皆で策を練りながら、攻めに守りに町中を駆け回る。その光景はさながら「子ども戦国時代」だった。

陣屋遊びは、生きた学びに満ちていた。なんと、陣屋づくりの材料をそろえるための資金調達も、子どもたちが計画的に行っていたのだ。上級生に教わって、あさりを獲って売ったり、捨てられていた銅線を集めて業者に持ち込んだりして、軍資金を稼いだ。今風に言えば、まさに〝プロジェクト型学習〟そのものだろう。

「米と位牌とランドセル。それだけ持ってすぐ逃げろ」

1960年5月、大槌町をチリ津波が襲った。地球の裏側で起きた地震による波が、1日かけて日本までやってきたのだ。到達したのが早朝だったこともあってか、日本全体で100名を超す犠牲者が出たが、大槌に人的被害はなかった。

ちょうどその時期は昆布の収穫期で、その日も大槌の漁師たちは朝早くから、獲った昆布を茹でたり干したりといった作業をしていた。そこで、彼らは潮の異変に気づいたのである。今は潮が引く時間じゃない、これはただごとではない――そう感じた漁師たちは、町中に「津波が来るぞ、逃げろ!」と触れ回った。当時、小学6年生だった伊藤さんも、必死に山側へと走った。

「津波の危険を少しでも感じたら、あの高台を目指して一目散に逃げろ。持ち物は、米と位牌とランドセル。この三つだけだ」

祖父母に何度も聞かされていたこの言葉は、伊藤さんの身体にすっかりしみついていた。伊藤さんだけでない。大槌に住む人々は皆、そう聞かされて育ってきていた。だから犠牲者が一人も出なかった。このとき町を襲った津波が約6メートルに達していたことを受けて、その後大槌には6・4メートルの高さを誇る巨大な防波堤ができた。半世紀後に、この防波堤が意味を成さないほどの大津波が来るとは、誰にも予想できなかった。

伊藤さんは大学を出て、小学校の教員になった。どんな先生だったかと言うと……20年以上前に担任した当時の児童が、いまだに伊藤さんを慕って訪ねてくることがある。そんな先生だ。

向学心の旺盛な伊藤さんは、国の研修制度を利用して、1996年から3年間、アメリカのワシントンにある日本人学校に校長として赴任した。海外での教員生活は、伊藤さんの人間としての幅を大きく広げることとなる。現地では子どもも大人も関係なく、学校という場を中心に学び合い、楽しみ合っていた。そして、学校がコミュニティ・スクールとして機能しているアメリカの町の様子は、伊藤さんが自身の子ども時代、たくさんの人たちと触れ合いながら、遊びのなかで多くを学んでいた大槌の光景と、どことなく重なるものがあった。

海外赴任を終えて地元の大槌に帰ってきた伊藤さんは、校長として故郷の中学校の苦境に向き合うことになる。窓ガラスが割れない月はないほど元気を持て余した生徒たちが多く、廊下の消火器ですら遊び道具となっていた。見かねた先生方は消火器を隠すが、そのせいで消防署から厳重注意を受けたこともあった。元気すぎる生徒たちが目立つ一方で、不登校の生徒の数も多かった。

両者の根底には、学力の課題があった。子どもたちの数が多すぎて、一人ひとりの学力レベルに合わせたケアなど到底できない。そして、小学校と中学校の間には大きな〝段差〟が存在する。勉強する内容のレベルが上がり、そこでドロップアウトしてしまう生徒が後を絶たなかった。学内で解決できない課題が、非行や不登校といった学外にも広がる問題へとつながっていった。小学校の先生も中学校の先生も皆、次々浮かび上がる問題に指導の行き詰まりを感じていた。大槌の教育は、袋小路に追い込まれていたのだ。

そんなときにあの地震と津波、そして火が大槌町を襲ったのである。

その日。

2日前、2011年3月9日。大槌町にある大念寺の大萱生修明《おおがゆうしゅうみょう》和尚は大きな揺れを感じた。町中に津波警報が鳴り響き、高台にある大念寺には町民100名が避難してきた。町役場からの配給のおにぎりや、お茶菓子で空腹をしのいだ一時避難の住民たちは、結果的に津波が来なかったことに安堵して、その日のうちに帰宅していった。

この、2日前の地震と、「けっこう揺れたけど大した津波が来なかった」という事実が、町民の方々の心に、文字どおり致命的な〝油断〟を植えつけてしまった。人間は誰しも経験の範囲のなかの想像力で生きている。その想像の範疇を大きく超える脅威が接近したとき、僕たちはきっと迫り来る死の影を正しく認識することができず、ただただ飲み込まれていくのだろう。9日の地震で迅速に避難をした方々の一部は、2日後、逃げ遅れて亡くなった。

地震発生

大槌町にとって、伊藤正治教育長にとっての「その日」、3月11日。町を一望できる城山にある中央公民館で、伊藤さんはその日もいつもどおり、職務にあたっていた。遅めの短い昼休憩をとって、弁当を食べた。時計を見やると、とうに14時を回っていた。

ドーン！！！

14時46分、地面からものすごい音がした。大槌中の人間が空中に弾かれるほどの衝撃が、町を襲った。最大震度7、マグニチュード9・0。それは、日本の観測史上最大の地震だった。

中央公民館は大きく揺れたものの、地震の被害はほとんどなかった。伊藤さんは施設内を急いで見回って職員たちの無事を確認してから、「各地域の学校の被害状況の把握を！」と言い残し、町役場をめがけて城山を駆け下りた。途中、高台に避難しようと城山をのぼる町民たちとすれ違った。「伊藤さん、津波が来るよ！　下に行かないで！」と声が聞こえたが、町の三役としての責務を果たすべく、役場の対策本部に合流しなければならない。何より、町の被害状況が気がかりだった。

城山を下りきって町内に入ると、被害を受けている家々がちらほらと見受けられ、地震による被害の深刻さがうかがえた。地震発生から15分が経過している。津波の到達まで10分を切っていたが、当事者たちは知る由もない。町の人々は割れた窓ガラスが散乱している道を、高台めがけて走っていた。

この日の大槌では、港の近くよりも町の中心部で桁外れの被害が出た。港の近くの住人たちには「地震が起きたらすぐに高台へ」という意識が強かったのかもしれない。それを象徴するかのような町民の行動を、伊藤さんは目撃する。知り合いの女性が、道に飛び散ったガラスをほうきでかき集めていたのだ。「早く逃げろ!」と言う伊藤さんに、「たくさんの人が避難で通るから」と答えた。

彼女の行動を、「なぜ避難しないのか?」と第三者が非難することは酷だろう。町の中心部の人たちにとっては、〝万里の長城〟と形容された6メートルの防潮堤を津波が越えてくることや、その波が勢いを保ったまま町の中心部を丸ごと飲み込むことなんて、これまでの数十年の人生の経験から、想像の範疇を大きく超える出来事だったからだ。残念ながら、この女性は津波に飲まれて亡くなった。

「龍が暴れている」

地震発生から20分、伊藤さんは町役場に到着し、災害対策本部に合流した。役場の2階で潮位計をこまめに確認しながら、町長とともに津波の被害に備えた。計測器上では、潮位は2メートル56

センチほどで止まっていた。防潮堤でしのげる高さだった。しかしこのとき、伊藤さんが見ていた潮位計はすでに壊れていて、正常に機能していなかったのだ。怪物のような津波はすでに、人智の結晶である防潮堤をものともせずに越えて、家屋を根こそぎ押し流しながら、町に迫ってきていた。

瞬間、潮位計の水位がガクンと下がったのを、伊藤さんは目撃した。大きな波が来る、逃げなければと思った。避難を促そうと2階に下りたが、遅かった。1階から悲鳴が聞こえた。瓦礫まみれの濁流と水の塊が、役場を飲み込み始めていた。

状況を把握する間もなく、2階の壁が壊れ、伊藤さんは流れこんできた波に自由を奪われた。水はすぐに天井まで到達し、酸素を得る術を失った。万事休すと思ったら、天井が壊れ、屋根裏のようなスペースに押し上げられて、九死に一生を得た。しかし、水位は瞬く間に上昇し、さらに上の天井に押しつけられた。伊藤さんはむき出しになっていたボルトにつかまって、残された30センチほどの空間に顔を突き出した。もはやこれまで、と覚悟した。

その状態から、どれほど時間が経ったかはわからない。奇跡的に、水位の上昇が止まって、第一波が引き始めた。引き波の勢いも激しく、伊藤さんはさらわれないよう、ボルトにしがみついた。ふと上に目をやると、天井付近に窓があることに気づいた。最後の力を振り絞って、その窓から外の屋上スペースに脱出し、難を逃れた。後で病院に行ってわかったことだが、足の骨が折れていた。

屋上に出た伊藤さんは、この世のものとは思えない光景を目の当たりにした。大波のうねりを見て「龍が暴れている」と思った。津波が引いた後の町は瓦礫で埋め尽くされていて、「ボン！　ボン！」と断続的に破裂音が鳴り響いた。ガス爆発が至るところで発生し、火の手が広がった。

その様を、多くの避難者は、為す術もなく呆然と眺めていた。この火災は、かろうじて波にさらわれきらず、生き残っていたであろう津波の生存者たちの命を、容赦なく奪い去っていった。

伊藤さんは『教育を紡ぐ』（大槌町教育委員会編著）のなかで、その日の様子をこう語っている。

「1200余人を呑み込んでなお静まることのない黒い海と町を焼き尽くし、漆黒の闇を焦がす炎に春の雪が降り続いた」

ここから、大槌町の長く過酷な震災との戦いが始まった。

「その日」からの、教育復興の戦い

教育の被災、7校のうち5校が全壊

最大で22・5メートルの高さを記録した津波は、大槌町を丸ごと飲み込み、破壊し尽くした。町は町らしい機能のほとんどすべてを失った。津波の難を逃れた町人たちも、満身創痍だった。避難所では、誰もが家族や友人の無事を祈っていた。「大きな恐怖に押しつぶされそうになりながら、長い夜は時間が止まったように動かなかった」と、伊藤さんは被災直後の避難所の夜の様子を振り返る。

役場としての被害も甚大だった。２階建ての庁舎は骨組みだけを残して全壊し、町長や幹部たちを含む多数の職員たちの尊い命が失われた。町はほとんどすべての機能を失い、情報網もズタズタに分断されていた。それでも何もせず呆然と立ち止まっているわけにはいかない。自身の傷も癒えぬまま、伊藤さんは災害対策の陣頭指揮を執った。

取材中、伊藤さんは執務室の机から1冊の手帳を取り出して、僕らに見せてくれた。それは、当時の様子を断片的に記録した、伊藤さんの手記だった。「3月14日、支援のおにぎりが５００個届いた。５００枚の毛布ではとても足らず、１、５００枚要求」――まるで野戦病院の記録のようだった。未曾有の災害、何もかも手探りの状態での重責のまっとうは、どれほどの苦難を伴ったのだろうか。想像を絶する。

被害を受けた学校、そして親戚のもとへ避難していった子どもたち全員の安否が確認されたのは、震災から5日後のことだった。通信・移動手段がないなか、先生方が手分けをして瓦礫を踏み越え、避難先を訪ね回ってやっと得た情報だった。

地震発生時に学校にいて、その後先生たちの指示に従って避難した小・中学生は全員無事だった。しかし、その途中で母親に引きとられ、家族で避難していた小学生3人と、一度は高台に避難したにもかかわらず、逃げ遅れた親族の救出のために坂道を駆け下りていった中学生2人が、亡くなっていた。遺体安置所では、彼らの冥福を祈り、長く黙祷を捧げる学校幹部の姿が見られた。

伊藤さんの緊急対応は多忙を極めた。被害状況、避難民の現状の把握、自衛隊の臨時支援基地の設置、全国から届く支援物資の分配、県や近隣自治体との連携、教育委員会や町の職員とその家族の安否と安全確認……日々積み重なる膨大な事案を、息つく間もなく捌《さば》いていく。多くの人が避難した城山にある教育委員会事務局が町の臨時指揮所になり、続く余震への対策にも取り組まねばならなかった。

3月16日、震災後初めての校長会議が開催された。町に7校ある小・中学校のうち、5校は全壊に近い被害があった。さらに、教材や教具、新年度の教科書、副教材、子どもたちのランドセルも流されていた。状況だけ見れば、直近での学校の再開はとうてい叶わないと判断してもおかしくなかったろう。日々の安全の確保もままならないのだから。

学びの空白は、未来の空白を生む

しかし、震災から10日ほど経つと、保護者や子どもたちから「学校はどうなるのだろう」「卒業式は?」という声が上がり出した。避難所の軒先で学校関係者ら、先生たちが学校の再開について語り合う姿があった。今日の生活すら苦しいはずなのに、この町の人たちは子どもたちの未来への想像力を絶やすことはなかった。「どうにか卒業式をやってあげたい」――そんな想いから、津波に流されてしまった卒業証書をつくり直し、各避難所で校長先生が一人ひとりに渡していった。避難先の子どもから高齢者までが、祝福の輪に加わった。伊藤さんはその様子を見て、決意を新たにした。

「子どもたちの学びの空白は、未来の空白を生む。一刻も早く学校を再開させることが、自分たちの使命だ」

大槌の教育の再スタートは迅速で力強かった。校長会議を連日行い、先生方の尽力の甲斐あって、震災から約1ヵ月後の4月20日に始業式、4月25日には入学式が開かれ、学校が再開された。懸念だった教科書をはじめとする各種教材や筆記具などは、全国各地、遠くは九州から支援物資として届けられた。

校舎が使えない5校の小・中学生計７００名以上は、被災を免れた2校の校舎と、町内にある県立高校の空き教室、隣町の県の生涯学習施設を仮校舎とすることになった。４校分の児童が集まった吉里吉里小学校では、体育館がパーテーションで区切られ、臨時教室に仕立てられた。「非常事態を乗り越えるため、立ち向かうリーダーたちには柔軟な発想力、決断力と実行力が不可欠だった」と、伊藤さんは語る。

大槌町のスクールソーシャルワーカーを務める南景元《ナムキョンウォン》さんが、学校が再開される前に避難所の隣で目撃したのは、吹きさらしの野外相撲場の土俵を囲む観客席の階段で、うずくまってドリルや問題集に取り組む子どもたちの姿だった。南さんは、その健気な姿に、子どもたちの学びへの想いが詰まっているように感じられて、今でも忘れられないと言う。

初春とはいえ、大槌町には東北沿岸の冷たい風が吹く。子どもたちは過酷な避難生活のなかでも、冷え込んだ手をさすりながら、自主的に学び続けていた。子どもたちにとって学びの時間は、かけがえのないものだったのだろう。

そんななかで、学校再開のニュースはまぎれもない希望だった。朝、「行ってきます！」と避難所を元気に飛び出す子どもたち。「行ってらっしゃい！」と送り出す家族や地域住民のみなさん。日々の営みが再開したことで、生活のリズムが生まれ、避難所にも活気が出てきたそうだ。生活もままならない現状を思えば、「それどころではない」と批判が集まっても不思議ではない。それでも、子どもたちは学びを欲し、大人たちはそれを希望と捉えた。

この学校の迅速な再開は、大槌町の教育関係者の結束、そしてよりよい未来を切り開いていく意志がもたらした偉業だと、僕は思う。こうして、大槌の教育復興は、大きな一歩を踏み出した。

「震災が好機」と言う覚悟
――生まれ変わる学校

震災により壊滅的な被害を受けた大槌町だが、先生方や学校関係者の尽力、地域の方々の協力によって、迅速な学校再開が実現した。しかし、依然として状況の厳しさには変わりがない。避難所の一角である体育館を授業で使い続けるわけにもいかないから、一刻も早く仮設校舎を用意したい。同時に、本校舎の再建設の計画も進めなければならない。先のことを考える一方で、目の前の子どもたちの心のケアも必要だ。

そんな難題ばかり突きつけられる日々のなか、伊藤教育長にはある確信が生まれていた。

「町づくりは人づくりにあり、人づくりは教育にあり」

以前から大槌町の教育行政の理念として掲げられてきたこの言葉こそが、これからの町の復興の土台になる。震災によって多くが失われた現実を嘆いていても、前には進めない。この現実を「これまで抱えていた学校の課題を解決する好機」と捉えて、ゼロから町の教育システムをつくり直していこう――伊藤さんは、そう思うようになっていた。

「震災が好機」なんて表現は不謹慎だ、と思われる方もいるかもしれない。ただ、実際に伊藤さんから直接この言葉を聞いた僕らは、そんなことを微塵も感じなかった。その言葉の響きに付帯する覚悟に、息を呑むしかなかった。これが、想像を絶する生死の境をさまよい、日常すべてを一瞬で壊された後の虚無感に飲み込まれながらも乗り越えてきた人の言葉だということを、改めて強調しておきたい。

命と向き合い、自分の生き方を考える「ふるさと科」

２０１１年6月、あの日からそれほど間もないうちに、伊藤さんは二つの抜本的な教育改革の指針を固めた。一つは、町内の全小・中学校を「コミュニティ・スクールを基盤とした小中一貫教育校」に再編し、学校のあり方や教育カリキュラムを抜本的に刷新していくこと。震災前から町の教育を悩ませていた「〝中1ギャップ〟で学校からドロップアウトしてしまう子どもたちが多い」という課題への対策としても、この施策は大きな力になるだろうと、伊藤さんは期待を込めた。

もう一つは、「ふるさと科」の設置だ。ふるさと科は、「命やものの大切さを受け止め、人としてのあり方や自らの生き方を考え見つめること（生きる力）」「復興をめざすふるさとの中で自らの役割や責任を考え、ふるさとを支える担い手になること（ふるさと創生）」を目的とした、いわば復興教育だ。教育課程特例校制度を利用することで、独自科目ながら正規の授業としてカリキュラムに取り入れられている。

従来の授業は、学校でつくられ、学校で実施されているものが大半だ。一方で、ふるさと科は学校内で終わらない。「地域への愛着の学び、生き方・進路実現の学び、防災教育」という三つの大まかな方向性はあるが、詳細なカリキュラムは定められていない。具体的な授業の内容は、民間から選出される「学校支援地域コーディネーター」が、学校や地域住民と打ち合わせを重ねながら決めていく。

実際にどんな授業が行われているのか――「鮭」学習というものがある。大槌はカギのような上あごが特徴の〝南部鼻曲がり鮭〟の産地で、これをじっくりと塩漬け、天日干しすることでできあがる新巻鮭が名産品である。

大槌の子どもたちはふるさと科の取り組みで、小学2年生のときに鮭の稚魚を放流する。そして5年生で、成長して戻ってきた鮭を自分たちで解体、調理実習を行う。8年生では、漁協や地域の人たちに教わりながら、新巻鮭の仕込みを体験する。完成した新巻鮭を持って東京に行き、自らの手でお客さんに売る。自分たちの故郷の資源である「鮭」をテーマに、社会に開かれた学びを次々と展開しているのだ。

「2年でガタがくる」と言われた仮設校舎が……

教育のソフト面の改革と同様、新たな校舎の建設計画も、進めなくてはならない壮大なプロジェクトだった。なにしろ、この校舎の建設費用は、普段の町の年間予算に匹敵するほどの規模だ。日々の課題が山積しているなかで、その一つにこれだけ大きなプロジェクトがあるのは、相当に骨が折れるだろう。

地域の人からは「浸水地域には建てないでほしい」との要望が強く、建設予定地は高台に絞られた。子どもたちの交通の便も考え、現在の大槌高校の近隣の土地が最有力候補となったが、この用地交渉が難航を極めた。予定地を所有する地権者は書面上26名いたが、すでに名義人が亡くなっているケースもあった。

その相続人すべてから許可を得る必要があるが、全員が大槌にいるとは限らない。教育委員会の職員総出で、地権を持った100人以上と交渉し、全員のハンコをもらうために全国各地を飛び回った。なかなか首を縦に振ってくれない人には、伊藤さん自ら説得に出向き、何度も頭を下げた。

気の遠くなるような長期間の交渉と予算調整を経て、2016年9月、「大槌学園小中一貫教育校」の新校舎は完成した。この間、子どもたちは2011年9月にできた仮設校舎に通っていたが、「2年でガタがくる」と言われていた校舎を、丁寧に丁寧に使って、5年間持たせていた。その様子に、伊藤さんは心打たれた。

「震災以前は、毎日窓ガラスが割れていたり、備品が壊されたりしていたんですよ。そんな子どもたちが、自分たちで変わっていった。大人が教えるとか育てるとか、おこがましい話ですね。彼らは成長するためのエネルギーをすでに持っている。私たちの仕事は、それをきちっと支えて、引き出してあげることなのだなと、改めて思い知らされました。次世代が自発的に育つ環境を整えることが、生き残った私の使命だと、今は感じています」

大槌町の教育は、こうして大きな変革を遂げていった。大槌で生きる人たちに会いに行くと、「ただ毎日を生きていること」のありがたさ、かけがえのなさを感じる。そして、失ったものの大きさを抱えながらも一歩一歩進む姿を見て、自分も人生を精いっぱい生きなければと感じる。東京に住んでいると僕たちはすぐにそのことを忘れてしまう。だから僕は大槌に通うのだろう。

若き〝よそ者〟の運命は、いかにして大槌に交わったのか

震災からわずか1ヵ月足らずで学校を再開させ、さらには小中一貫教育への移行、独自のカリキュラム「ふるさと科」の創設など、全国的に見ても先進的な教育改革を成し遂げてきた大槌町。そんなこの町の〝教育復興〟を語るうえで、けっして外せない人がいる。本章の冒頭でも紹介した、僕の親愛なる大先輩、菅野祐太さんだ。

現在は大槌町教育委員会の教育専門官として、この町のよりよい未来のために心血を注いでいる菅野さんだが、もともと大槌には縁もゆかりもない人だった。彼の人生は、東日本大震災によって大きく変わったのだ。

ここからは、3・11以降の菅野さんのストーリーに焦点を当てて、一人の若き〝よそ者〟の運命が、大槌とどう交わっていったのか、みなさんと一緒にたどっていきたい。

それでも、学ぼうとする子どもがいた

2011年3月11日。当時、リクルートエージェントに務めていた菅野さんは、東京の高層オフィスビルの27階で、あの瞬間を迎えた。大きな揺れに、社内は騒然となった。ニュースを確認した菅野さんは、祖父母の居住地である岩手県陸前高田が、地震と津波で大きな被害を受けたことを知る。自身が慣れ親しんだ町が徹底的に破壊されている様子に、菅野さんは「現地に行かなきゃ!」と、すぐさまボランティア活動への参加を決意して、被災地に向かった。

震災後、初めて陸前高田を訪れたときに見た光景を、彼は「この世のものとは思えなかった」と回想する。かつての思い出の町の面影は、一片も残っていなかった。本業も多忙を極めるなか、菅野さんは定期的に被災地に通った。ボランティア活動を続けるうちに、もっと何かできるのでは、という想いが募っていく。

「ここで何か行動を起こさなければ、自分は一生、後悔するのではないか」

そんなとき、一本の電話がかかってきた。声の主は、学生時代から縁のあったNPOカタリバの今村亮さんだった。

「学ぶ場所を失ってしまった子どもたちのために、学習指導と心のケアを行う施設〝放課後学校〟を被災地に立ち上げたい。協力してもらえないか」

この誘いの電話は、菅野さんの心を大きく動かした。大学時代の恩師であり、当時は文部科学副

大臣だった鈴木寛さんも、彼の背中を押した。

「菅野！　絶対に行け。それは運命だ」

それでも菅野さんは、まだ迷っていた。最後に彼を突き動かしたのは、ボランティアの最中、女川の避難所で出会った一人の少年だった。その少年は、避難所と仮設住宅の狭間にある平たいコンクリートに寝そべって、何やら一生懸命に書いていた。覗いてみると、漢字のドリルのようだった。

菅野さんが少年に「どうしてこんな場所で勉強しているの？」と尋ねると、彼は「避難所の中だと、勉強するところないもん」と苦笑いして答えた。菅野さんはハッとした。改めて避難所を見渡すと、子どもたちが静かに勉強できそうなスペースは、どこにも見当たらない。それでも学びたい子どもたちは確かにいるのだ。菅野さんは、当時の心境をこう振り返る。

「あれほどの大惨事の後でも、子どもたちが学ぶ意欲を失っていないという事実は、僕にとって希望そのものに見えたんです。『こんな状況でも、子どもたちは未来を向いているんだな』と、強く勇気づけられました」

放課後学校の必要性を確信した菅野さんは、今村さんからの誘いを受けるため、退職を決意した。

ただ子どもたちの学びのために

「いま被災地に行って何ができる!?　やめておけ！」

しかしその決意は、菅野さんの将来を真剣に案じる上司たちから猛反対を受けることとなる。協議の結果、「放課後学校の立ち上げが済んだら復職すること」を条件に、会社から4ヵ月の休職が認められた。こうして菅野さんは、2011年9月に放課後学校の設立予定地——岩手県大槌町に足を踏み入れた。

放課後学校の設立は、現地の関係者の賛同を必ずしも得られてスタートしたわけではなく、困難を極めた。菅野さんは、ときおりあの少年の姿を思い出して「どんな環境でも学習意欲がある子たちはいる」と信じ、事業を前に進めた。伊藤教育長も「生き方そのものを教えて、町の子どもたちのロールモデルになってほしい」とエールを送った。

2011年12月、放課後学校あらためコラボスクール「大槌臨学舎」は、町の公民館のスペースを間借りしてオープンした。利用希望の申し込みが殺到した。優先的に対象としていた中学3年生だけでも、90名近い希望者。実に町の7割以上の中3生が申し込んだことになる。「学ぶことができる環境」に、子どもたちは飢えていたのだ。

無事に臨学舎を立ち上げた菅野さんは、帰京し、会社勤めの身に戻った。その後しばらくは会社員と臨学舎のダブルワークに取り組むも、心はすでに被災地の教育復興に傾いていた。2012年10月をもって退職、自身の拠点も大槌町に移し、臨学舎の校舎長に就任した。菅野さんが25歳のときのことだ。

すべてが順調に進んでいたわけではない。いきなり東京から若者たちが来て、よくわからない学校を始めたのだ。「よそ者がいったい何をしに来たんだ？」と不信感を持つ人も少なくなかった。菅野さん自身も「東京に戻った方がいいよ、その方が親も喜ぶんじゃない？」と声をかけられたこともあるそうだ。

しかし、そんな一部のネガティブな空気を変えていったのは、臨学舎に通う生徒たちだった。菅野さんが町を歩いていると、「あ、コラボの先生だよ！」と生徒たちが寄ってきた。生徒たちが臨学舎の若者たちとの時間を楽しんでいるのは明らかだった。臨学舎の意義は、子どもたちのやる気や笑顔を通じて、町全体に少しずつ伝わっていったのだ。

日本初の「教育専門官」誕生

臨学舎は「希望が生まれる場所」

２０１３年４月、菅野さんは臨学舎の校舎長に就任した。急いでプレハブ校舎を用意したが、中学2、3年生を中心とした80名ほどの子どもたちが学ぶには手狭で、近所の小鎚神社の社殿を間借りして臨時の教室に仕立てた。それでも場所が足りないときは、神社のキッチンルームまでが学びの場所と化した。

臨学舎の授業は1コマ45分で、17時ごろにスタートする。教科は主に数学と英語で、テストや受験前には特別クラスが設けられた。ひとつのクラスは生徒たちが約10名で、同時並行でクラスが6個、7個と開催されていることも珍しくなかった。授業を受けていない子どもたちは自習をしたり、友だちやスタッフと他愛ないおしゃべりをした。

臨学舎のスタッフは常時10名ほどいる。震災以前には大槌と縁のなかった20~30代の若者たちが中心だ。彼らが目指すのは、単なる学習支援ではない。「学習を通じた心のケア」である。

当時の大槌の子どもたちは、「未来はどうなるかわからないのだから、どうせ何をやっても無駄なんじゃないか」と悲観的な言葉を吐くことが少なくなかった。壮絶な震災体験をした子どもたちに、無気力や諦めの気持ちが湧いてしまうのは無理もない。「それでも、日々の学習の積み重ねによる成功体験で、少しずつでも明るい未来の見通しをつくっていけるかもしれない。そういう希望が生まれる場所にしたかった」と、菅野さんは言う。

子どもたちの希望の種火となるために、臨学舎のスタッフたちは全力で大槌の日常に向き合った。小学生から高校生までが一堂に会して学ぶこの場所で、子どもたちと臨学舎スタッフたちは、どんなにつらい状況でも互いに心の拠り所となる「底の抜けない関係性」を育んだ。

菅野さんは臨学舎の長として、想いだけで全力疾走するのではなく、「事業経営」にもこだわった。この点は、前職での事業マネジメントの経験が大いに生きた。恒常的に効果検証をして、周囲が臨学舎の必要性を認めてくれるように、成果を示し続けた。求められる限り、臨学舎が持続可能であるために。

大人の都合で語るな、子ども目線に立て

順調に機能していた臨学舎だが、その一方で菅野さんには少しずつ課題意識が芽生え始めていた。当時の臨学舎は良くも悪くも、スタッフの若者たちと大槌の子どもたちの〝閉じた空間〟だった。現場で多くの子どもたちと接していた菅野さんは、次第に町全体の教育に目が向くようになった。そして、「臨学舎だけでは大槌の教育を変えることはできない」と感じていた。

そんなタイミングで、教育委員会から菅野さんに「学校支援コーディネーターをやらないか」という相談が来た。学校と地域の架け橋となり、新設された「ふるさと科」をサポートする仕事だ。菅野さんは喜んでこれを引き受けた。

以降、菅野さんは教育委員会・行政・地域の人々と積極的に関係を持つようになった。さらに、教育長である伊藤さんと行動をともにする機会が増え、伊藤さんのビジョンと教育にかける想いに感化されていった。「教育現場にある不要な壁を壊すことで、自然な混沌を取り戻す。そこから子どもたちのパワーが生まれる」と伊藤さんは熱弁し、迅速かつ着実に、想いを実行に移した。義務教育学校の導入によって小学校と中学校の壁を、コミュニティ・スクールの導入によって学校と地域の壁を、見事に壊していったのだ。「伊藤さんの思想はシンプルで、すべては子どもたちの目線

に立った、子どもたちのための教育改革なんです。『大人の都合で教育を語るな』と、よく言っていましたし、言われましたね」と菅野さんは笑う。

「私を教育委員会に入れるつもりはありませんか？」

２０１６年の冬、創設から3年経った臨学舎は、気づけば多くの住民に頼られる、大槌になくてはならない存在になっていた。

ある日、菅野さんは伊藤さんの教育長室を訪ねた。それは珍しいことではなく、時間さえあれば教育長室に立ち寄り、最近の子どもたちの様子から感じることを、とりとめなく伊藤さんと語り合っていた。

ただ、その日は違った。臨学舎、そしてふるさと科と、震災直後から5年間この町にかかわり続けた菅野さんのなかで、教育への熱い想いが飽和した瞬間だった。

「私を教育委員会に入れるつもりはありませんか？」

震災は人々を団結させ、大槌の教育に変わるきっかけを与えた。しかし、放っておけば、記憶はいつか風化してしまう。いま大槌の教育を変えようとしている人たちの想いも、時代の移り変わりのなかで、だんだん忘れ去られてしまうかもしれない。この熱、この思いを、きちんとした仕組みに落とし込んで、後世に残すことが必要ではないか……菅野さんは思いの丈を伊藤さんにぶつけた。

「君がそんなことを言うとは、想像もしていなかった」と、普段は飄々としている伊藤さんも、さすがに驚いた様子だった。菅野さんは緊張した面持ちで、次の言葉を待った。

「君さえよければ、その提案は必ず実現させましょう」

そう言って、伊藤さんはいつもの柔らかい笑顔を見せた。民間人が教育委員会にいきなり正規のスタッフとして飛び込むなんて、全国に例のない話だ。菅野さんも、自分がどういう役職につき、どんな権限を持つべきなのか、具体的に思い描けているわけではなかった。それでも伊藤さんは、自分の想いに共鳴して一緒にやろうと言ってくれた。「大槌の教育の、新たな胎動を感じた瞬間だった」と、菅野さんはその日の様子を、昨日のことのように語った。

それから間もなく、大槌の教育委員会に「教育専門官」を設置することが、町議会で可決された。教育に人生をかけようとする一人の若者のために、新たな役職が新設されたのだ。こうして菅野さんは、２０１７年４月に、日本初の教育専門官に就任したのだった。

町民全員でつくった教育大綱

震災を受け止め、震災にとらわれない。未来に継承すべき学びとは何か？

2017年4月、日本初の教育専門官に就任した菅野さんは、悶々とした日々を過ごしていた。前例のない挑戦だからこそ「早く結果を出して認められなければ」と思っていたが、その一方で「そもそも結果とはなんだ？」と深く悩んでいた。

就任直前まで、菅野さんは「専門官として、震災後の変革を軸に、これからの大槌の教育の基盤を整えていきたい」と考えていた。けれども、伊藤教育長は菅野さんの言葉を聞いて「それは違う」と主張し、こう語った。

「大槌は400年以上の歴史を持っている。そのなかで、震災のような被害は何度か受けている。東日本大震災は確かに重大な出来事であり、それから8年の間にこの町の教育は大きく変わった。しかしね、長い歴史上で捉えたら、〝たかが〟8年なんだよ。連綿と続いてきた人々の営みを継ぎ、これからも続いていく未来を見据えた学びをつくるんだ」

もちろん、伊藤さんは東日本大震災の被害を〝たかが〟などとは思っていない。ただ、そこだけに目を奪われてしまっては、大槌が培ってきた長い物語のなかの、ほんの一部にしか寄り添えていない近視眼的な教育改革になってしまう可能性がある。そうなってはいけないと、伊藤さんはきっぱりと言い切った。いつも温和で飄々とした教育長が語気を強めるのは珍しく、菅野さんの心に強い印象を与えた。

ひとりで悩んでばかりいても仕方がない。菅野さんは伊藤さんや同僚と相談しながら、やるべきことを整理していった。専門官としてのミッションは「震災から得た学びを、今後の教育に継承していくこと」である。その実現のため、町の教育大綱の改定を行い、その後で教育に関する基本条例を作成することを目標と定めた。震災を機に高まったふるさとへの思い、教育への熱意を明文化して、風化させないことを町として誓うのだ。

教育大綱や基本条例の策定にあたって、菅野さんは明確な方針を持っていた。それは「大槌町民の全員でつくりあげること」だ。誰かが勝手に決めて押しつける理想なんて意味がない。町民がいま何に困っていて、どんな未来を求めているのか……一人ひとりの声を皆で共有しなければ、町がかりでの教育と復興は実現できないと菅野さんは考えた。

必要なのは、対話の場だ。菅野さんは町民が教育について徹底的に議論するワークショップ「熟議」を企画した。幼保スタッフ、教員、小学生から高校生、保護者、商店の経営者、企業勤めの人、行政職員など町民の属性を13種に分け、それぞれのカテゴリ内で複数回の熟議を行う。共通テーマは「大槌の子どもたちに必要な力」「どんな機会があればその力を身につけることができるか」「どうしたらその機会をつくることができるのか」の三つだ。

「大槌だからできる教育」を町中で議論

2017年7月から2ヵ月間、この熟議は毎日のように開かれ、参加者は延べ500人を超えた。菅野さんは、全部で13回開催された熟議のすべてに参加して、町民の声に耳を傾けた。議論は毎回盛り上がった。みんな地元のことであれば何かしらの興味は持っているし、語らずにはいられないのだ。これは教育大綱を「町の皆でつくるもの」と印象づけるためにも、重要な通過儀礼だった。

菅野さんは熟議での議事録を丁寧にまとめていく。その過程で「郷土」「ふるさと」「大槌が好き」「大槌愛」「地域とのかかわり」「主体性」「行動力」など、議論の場で頻出したキーワードを丹念に拾っていった。旧来の〝べき論〟のような偏った意見はほとんどなかった。「子どもたち、若者たちがやりたいことをやれる大槌にしたい」といった声が多く、菅野さんの胸は熱くなった。

2017年9月、熟議を重ねた後にはビッグイベント「大槌教育未来会議」を企画した。町民たちの声をまとめあげてできた「大槌が目指す町と教育の素案」について、町外から招いたゲストと大いに議論するという催しだ。そのゲストは、当時の文部科学大臣補佐官・鈴木寛さん、通称〝すずかん先生〟だ。

すずかん先生の講演は、大槌の人たちに大ウケした。先生は「これからの教育を語るうえで『コンピテンシー』という言葉をぜひ知ってほしい。これは一言で言うと〝役割を任せてもらえる力〟です」と、むずかしいキーワードを噛み砕いて伝えていった。会場に詰めかけたお年寄りたちも

「こんぴてんしー」と熱心にメモを取った。その姿に心を動かされたすずかん先生は、さらに熱をこめて語った。「単に震災の前に戻るのではなくて、大槌の子どもたちが一番いい人生を送ってもらうための教育をつくっていきましょう！」

日本のフロントランナーたちも大槌の再興と挑戦を後押ししてくれる、伴走してくれるのだ――その事実は、どれだけ大槌の人々を勇気づけたろうか。そして、この未来会議によって「今回の教育復興は、未来を創っていくもの、世界でも通用する堂々たるものにしていこう」というムードが醸成された。

未来会議で高まった町の教育熱を発酵させたのが、２０１７年11月に行われた「教育大綱策定懇談会」だ。この会では、町の教育関係者を集めて「大槌で生まれたから起こる〝教育機会の格差〟とは何か」「大槌で生まれたことを活かす教育とは何か」をテーマに議論を深めた。同時並行で行われた「町長と語る会」では、小学生・中学生・高校生たちも「自分たちが主体的に大槌町の活性化にかかわることのできる町にしたい」など想いを語った。この頃を境に、町では「〝大槌だからできる教育〟というテーマについて、自信を持って話せるようになってきた」という声が増えていった。

年が明けて２０１８年、大綱づくりはいよいよ大詰めに。菅野さんが半年以上かけて書き上げた素案をたたき台として、関係者で議論を続けた。そして3月、「学びがふるさとを育て、ふるさとが学びを育てる町　おおつち」をキャッチコピーとした大槌町教育大綱が公示された。これによって大槌の復興は新しい局面に入ったのだ。

大槌の「本気」を高校魅力化にぶつける！

２０１８年３月、あらゆる大槌町民の想いや願いが込められた、新たな町の教育大綱が完成した。熟議、未来会議、懇談会と町全体を巻き込んだ大綱づくりのプロセスは「大槌の教育は、町民みんなの力を借りてやっていこうとしている」というメッセージを届けた。「これは行政の仕事だから、私が口を出すことではない」という町民の認識が、「自分にもかかわりがあるかもしれない」へと変化していったことで、大綱の公示以降、町役場の窓口には「こんな取り組みをやってほしい／やってみたい」と相談に来る人の数がグッと増えたそうだ。

大綱自体は大事なアウトプットではあるが、その大綱を「町民みんなでつくるものだ」と位置づけた教育委員会の〝あり方〟こそが、この町を大きく変えたのだ。

「ないものはない」島根県海士町への視察

大綱完成から幕を開けた２０１８年度の１年を、伊藤教育長はこう振り返る。「大槌高校の高校改革の『本気の姿勢』をつくっていく1年だった」と。

菅野さんも、大綱が謳《うた》う「学びがふるさとを育てふるさとが学びを育てる町　おおつち」を実現していくために、「ふるさと科」をはじめとした教育カリキュラムのアップデートを、地元の大槌高校にまで広げていく必要性を感じていた。

大槌高校が抱えている現実は厳しいものだった。少子化に伴って、大槌高校の生徒数は減り続けている。入学者は、２０１８年度が53名、２０１９年度は42名だ。なんとか2学級は維持しているものの、統廃合の対象となる「1学年40人割れ」の基準からすれば、もはや崖っぷちと言える状況である。

先行きに不安しかない環境が、先生たちの気力も奪っていたせいか、大槌高校は当初より魅力化やふるさと科の取り組みに、そこまで積極的ではなかった。そんな彼らにとって重要な転換点となったのが、２０１８年6月に行われた、大槌町メンバーによる島根県海士町《あまちょう》への視察だった。

島根県海士町は「ないものはない」というコンセプトを掲げ、その先駆的な取り組みで知られた自治体だ。島内にある島根県立隠岐島前《おきどうぜん》高校は「高校魅力化プロジェクト」によって全生徒数を2倍に増やし、廃校寸前の危機から脱している。

海士町が抱える課題は、離島か陸続きかという地理的要因の違いはあるものの、大槌ととても似ていた。海士町は町の生き残りを、高校の魅力化による学びの充実と、よそ者の移住による人口増に見出しているのだ。「その仕組み、舞台裏を知ることは、今の大槌に必要だ。高校教育の挑戦事例として、海士町を見に行きましょう」と、伊藤教育長と菅野さんが町の幹部たち、高校関係者に熱心に働きかけたことで、海士町視察は実現した。

２０１８年6月、平野町長と伊藤教育長、そして町の大番頭である財務課長らがそろい踏みして海士町に降り立った。早速、島前高校や教育センター、町役場などを訪ねて回る。役場では、海士町の山内町長の歓迎を受け、熱い議論を交わした。山内町長は「自分の経験を大槌町に少しでも伝えたい」と、惜しみなくノウハウを語ってくれた。涙を浮かべながら、多くの役場職員を亡くした大槌町長らに哀悼の意を伝えるシーンもあった。

町を巡りながら伊藤教育長が驚いたのは、全島民がそれぞれの立場を超えて海士町の変革に取り組んでいる様子が、あちこちで見て取れたことだった。船着場のスタッフから、学習センター職員、カフェの店主に至るまで、みんなが島のことを想いながら、情熱を持って仕事に取り組んでいた。そして、町のリーダーたちの、自身の給与をカットしてでも変革をやりきろうとしている覚悟が、町民にもしっかりと伝わっていた。

大槌メンバーは一緒に同じ宿、同じ部屋に泊まり、海士町で出会った人々について、そして大槌の未来について、寝る間を惜しんで語り尽くした。

メンバーからは「毎年、若い職員を海士に連れていこう!」との声まであがった。この視察は変革へのモチベーションを底上げし、高校魅力化に向けた確固たるチームビルディングにつながった。

小・中から通貫する高校の変革へ

大槌に戻ってからの菅野さんたちは、高校魅力化プロジェクト立ち上げのため怒涛の日々を送ることになる。２０１８年秋、大槌高校魅力化構想準備会議が開催され、大槌高校ならではの「魅力化」を目指すための具体的な方針の検討が始まった。

そのなかで、ふるさと科の発展科目である「三陸みらい探究」を学校設定科目として制定することや、外部につながる学びの場の「大槌発みらい塾」「三陸ラーニングジャーニー」の実施、これらを実現するための専門スタッフとして「魅力化推進員」を増員することが、方針として定まった。

これらの改革をもって魅力化に本気で取り組む覚悟を示すため、「２０２４年までに大槌高校の入学者を61名まで増やす」という数値目標も設けた。

大槌がこの1年でつくり上げた高校改革への「本気の姿勢」は、国にまで届き、大きな成果を得ることとなる。

２０１９年度より、文科省の新事業である「地域との協働による高等学校教育改革推進事業」が始まった。これは、学校が地域とコンソーシアムを組んで学校の魅力化、改革を支援していくための事業であり、採択された50の高校には3年間、毎年約４００万円の予算が支給される。

これからの新たなモデルケースとなり得る、全国でたった50校しかない枠のなかに、大槌高校は選ばれたのだ。この吉報を見届け、伊藤教育長は２０１９年3月末をもって退任した。伊藤さんの最後の退庁を、菅野さんは涙なしに見送れなかった。

伊藤前教育長が蒔いた希望の種、その後

2019年7月、僕は菅野さんに呼ばれて半年ぶりに大槌の町を再訪した。大槌高校魅力化プロジェクトのひとつ「大槌発！未来塾」の講師として招かれたのだ。今春に開通したばかりの三陸鉄道リアス線に乗って大槌駅にたどり着くと、出迎えてくれたのは、教育長を退任されたばかりの伊藤先生だった。

そこから、この町を知り尽くした伊藤先生による、なんともぜいたくな大槌ツアーが始まった。建設が進む巨大な防潮堤を一緒に臨み、ひょっこりひょうたん島のモデルである蓬莱島に渡った。伊藤先生は海に手を突っ込んで、貝をいくつもとってみせてくれた。復興を担う教育長の重責から離れたその背中は、いくぶんかリラックスしているように見えた。

伊藤先生は町の三役として震災直後からリーダーシップをとり、生き残った者の使命として、教育復興に命をかけてきた。そんな緊張から離れた今、どんな心境なのか尋ねてみると、こんな答えが返ってきた。

「公職にいた頃はいつも忙しく時間に追われている感じだったが、初めてまとまった時間ができた。

これからは私人として、より柔軟な立場で教育にかかわっていけそうだ」

志は全くぶれていない。きっと伊藤先生はどんな立場であろうと、今後も大槌町の教育にかかわって生きていくのだろう。伊藤先生の撒いた希望の種は、確かにこの地で芽吹いている――それを実感したのが、翌日から開かれた「大槌発！未来塾」の場だった。

多士済々の大人たちとじっくり語らう「大槌発！未来塾」

２０１９年4月から、大槌高校では魅力化プロジェクトに則って、具体的な変化が起こっていた。1年次は週に2時限、2年次は1時限、「三陸みらい探究」という授業が新設された。1学期の間は「自分を知る」をテーマに一人ひとりの「自分プレゼン」などを作成し、発表し合う。2学期以降は高校生自らが町の事業・財政をシミュレーションする活動などを実施していく。

そして、僕が呼ばれた「大槌発！未来塾」も、この一連の流れのなかで新しく始まった取り組みだ。大槌高校の生徒たちにさまざまな職業人の話を聞いてもらい、将来を考える一助にしてもらうことを意図した企画である。

菅野さんら魅力化担当スタッフが声をかけた未来塾の講師たちは、実に多様で魅力的な顔ぶれだ。たとえば、地元吉里吉里で製造業を営む山岸千鶴子さんは、震災で大きな被害を受けたが事業再生に挑む経営者である。大槌町出身の青年実業家である兼沢悟さんは、震災後大槌にUターンし、何人も雇用しながら、年間40種類のトルコキキョウを育てている。同じく起業家の兼澤幸男さんは、船乗りとして働くも震災を機に大槌に戻り、地元の猟友会に所属しながらジビエを活用した事業に挑戦している。木村薫さんは書店勤務の経験がないにもかかわらず、「町には本屋が必要だ」という思いで一頁堂書店を立ち上げた人だ。

地元で活躍する人たちに加えて、玩具メーカーで数々のヒット企画を生み出している三原脩平さんや、広告代理店でさまざまなオリンピック関連のプロジェクトに携わる住吉翔太さんなど、大企業で活躍する面々もいて、実に多士済々だ。

ここに大槌高校出身の現役大学生らが加わって、講師の数は僕を合わせて総勢10名。当日、体育館には10ヵ所のブースがつくられ、生徒たちは各々興味があるブースのところで話を聞けるようになっていた。僕が担当するブースには15名くらいの高校生がやってきた。

普段の講演などでは、一度に数百人の聴衆を相手にすることも少なくない。しかし、この未来塾ではどのブースも少人数でじっくり話せる環境が整えられていて、講師と生徒たちが深く語り合えるようにという菅野さんたちの意図が垣間見えた。

「希望は自分でつくるものだった」

未来塾が始まり、僕もささやかながら自分の高校生の頃の体験談、そこで抱いた思いがバングラデシュを皮切りに、世界へと広がる活動につながっていった話をした。

初めはシャイな様子で、もじもじしている高校生が多かった。しかし、プログラムでは彼らが自ら考えて準備してくれたアイスブレイクがあったので、場は一気になごやかなものになった。

大槌高校の生徒たちを前に話していると、ふと不思議な気分になった。彼らはあの地震が起きたとき、まだ小学生だったのだ。自分の人生グラフを書くワークをすると、少なくない生徒たちが、２０１１年に大きく底に落ちるような線を書いていた。

僕は当時バングラデシュにいて、あの瞬間の恐怖を直接経験していない。そんな僕が、彼らに何を伝えられるのだろうか。自分への疑念が膨らみ、喉が詰まりそうになったとき、隣のブースの大槌出身の講師の言葉が耳に入ってきた。それは今でも、僕の心の中に深く刻まれている。

「明日がないと思って生きる。それを震災のときに学んだ。明日がないと思って、それで今日努力を積むことで、拓けることがある。あのときは何の希望も見えなかった。希望は自分でつくるものだった」

誰しもが学ぶ側

夜の未来塾は、講師たちと大槌高校の教員のみなさんとの交流会として開かれた。先生たちからは「普段の授業もあんなに真剣な表情で聞いてくれたらいいのに！」という声が聞かれた。

大槌高校では、4月の変革からわずか3ヵ月で、たしかな変化が起きていた。その変化とは、「できないことは頼っていい、わからないことは一緒に学べばいい」という認識を、先生も地域も持ち始めていることだ。

夜の未来塾では誰しもが学ぶ側だった。そういう学校・地域には次々と新しい風が吹き込んできて、学びの場としてどんどん豊かになっていく。「町全体で学校をつくっていく」と訴え続けた伊藤先生の信念は、大槌に深く根づきつつある。

学びの循環を生み出すバトン
――被災した小6児童が、大人になって

ここまでは大槌の教育復興の物語を伊藤教育長、菅野さんの目線で追ってきたが、当の子どもたちは震災や教育復興を、どう受け止めていたのだろうか。ここからは、震災当時は小学6年生、その後も大槌で学び育った藤沢慶子さんの目線をお借りして、「臨学舎の存在や大槌の教育復興のプロセスは、子どもたちにどんな影響を与えたのか」を考えてみたい。

「こんな大変なときに、自分のしたいことを優先しちゃいけない」

大槌を地震が襲ったとき、藤沢さんは大槌北小学校で算数の授業を受けていた。すぐにジャンパーを着て、帽子をかぶると学校裏手の山の上にある大槌高校の校庭に避難し、難を逃れた。もうすぐ通うはずだった大槌中は津波に壊されてしまったが、先に語った伊藤教育長たちの尽力で避難所の一角が授業スペースとなり、中学生生活は4月からスタートできた。彼女も「いつもどおりに学校に行く日常が確保されて、とても安心した」と語る。

藤沢さんが臨学舎に通うようになったのは、中学2年のときからだ。すでに臨学舎に通っていた兄を追いかけて、自習室の利用を始めた。学校の友だちも多く通っていて、居心地のいい場所だった。菅野さんはじめ臨学舎のスタッフは20代、30代の若者で「今まで出会ってきた大人と何かが違う」と感じた藤沢さん。彼らはいつも明るく前向きで、生徒たちの言うことを否定しなかった。藤沢さんは彼らとのやりとりのなかで「こうしなきゃいけない」という殻を少しずつ破っていった。

藤沢さんが高校生になった頃、臨学舎はオンライン英会話教室や「マイプロジェクト」などの新しい取り組みをスタートさせた。マイプロは、高校生たちが自らの気づきや発見をプロジェクト化し、実際に行動しながら学びを深めていく取り組みだ。藤沢さんもこのマイプロに参加したが、今までやったことのない経験の連続で、悩みも多かったという。当時、臨学舎の校舎長を務めていた菅野さんは、生徒の話を本当によく聞いてくれる存在だったそうで、藤沢さんにとって「やりたい気持ちも、やりたくない気持ちも全部ぶつけられる相談相手」だった。彼女の相談を聞き終わると、いつも菅野さんは社会学や歴史の〝菅野うんちく〟を披露した。その話を聞くのが、藤沢さんはめちゃくちゃ好きだった。

藤沢さんは、マイプロに取り組む東北の高校生が一堂に集う「マイプロ合宿」にも参加した。ここで外の世界に触れたことが、彼女の思考を大きく変えた。

「高校のなかだと、とりあえず先生に言われたことをやっていればよかったし、『こんな大変なときに、自分のしたいことを優先しちゃいけない』という意識もあったんです。でも、マイプロ合宿で出会った高校生たちは『やりたいことは自分で見つける』という人ばかりで、これが〝自分を生きている感〟なんだなと。彼らに感化されて、自分も自分のやりたいことを追求していこう、と思えるようになりました」

臨学舎がくれたもの、それを通して気づけたこと

高卒後、仙台の教員養成大学に進んだ藤沢さん。臨学舎のような学びの場づくりに興味を持って教育学部に進んだ。入ってみて、同級生のほとんどが教師を目指していることに驚いた。授業でも多くの同級生の興味は学校の教科指導に向いていた。このとき彼女は初めて「自分は臨学舎の影響で、学校での勉強以外の経験が豊富なんだ」と気づいたという。

「何を教えるか」はもちろん大事だが、震災と臨学舎の経験が藤沢さんに気づかせたのは「相手に対しての想像力と配慮の大事さ」だった。彼女が培った感受性は、大学の授業を頭から信じることを是としなかった。ある日の指導法の講義で、先生の話を聞きながら彼女は「すべての子どもたちに通じる指導法なんてあるのか」と疑問を抱いた。

「安全・安心な状態が確保されず、勉強に向かえない状態の人たちも大勢います。もっと学びに向かう子どもたちの状態を踏まえた教育のあり方を考えていきたい。そのために、さまざまな教育現場を自分の目で確かめたいと思ったんです」

芽生えた思いを胸に、藤沢さんは大学3年生となった2019年4月から大学を休学。臨学舎の運営元であるNPOカタリバに参加して、現在は宮城県女川のコラボスクール向学館で、当時の菅野さんらと同じ立場で教壇に立っている。

そんな藤沢さんに「もし臨学舎がなかったら、今ごろ何してたと思う？」と聞いてみた。

「大学には行ってるかな。でも絶対、教育学部じゃなかった。それで、もっとつまんない日常を送っていると思う（笑）。いまの環境、かかわっている人の幅広さ、多様さが気に入ってるんです。それはきっと、臨学舎がなかったら知らなかった世界で……」

一拍おいて、彼女は続けた。

「怖いですね、もし臨学舎がなかったら。臨学舎の先生たちや、マイプロみたいな『自分の好きに向かっていくこと』を肯定してくれる機会に巡り合えてなかったら、目的もなくただ勉強しているだけの人間になっていたと思う。それはそれで幸せだったかもしれないけど……やっぱり今の自分のほうがいいなって思えるのは、臨学舎がくれたたくさんの〝出会い〟のおかげですね」

臨学舎の真の価値は、単純な学校の勉強のサポートではなく「おもしろい外の世界への出入り口」としての役割にあったのだろう。そこでの出会いがまた新たな出会いを呼び、その連鎖のなかで子どもたちは、自らの成長にブーストをかけていった。そして、周りの大人たちは一方的に教えるのではなく、子どもたちの本心に寄り添い、彼ら自身が望む方向への成長を支えることに尽力した。こうした臨学舎での試行錯誤は、後に菅野さんが教育委員会入りしてから、ふるさと科や大槌高校魅力化計画にも存分に生かされていったのだ。

ふるさと科の話をすると、「学校のなかでそんな体験ができるなんて！」とうらやましがった藤沢さん。未来に目を向け、変わり続ける大槌の教育に「自分もお世話になったから、どこかでかかわり続けていきたい」と彼女は語る。「ふるさとが教育をつくり、教育がふるさとをつくる」と謳《うた》った教育改革のもとで、学びの循環を生み出すバトンはしっかりと、若い世代にも渡っていた。

走れ、希望まで追い越していくような速さで

先日、僕と同世代の映画監督・中川龍太郎さんの『走れ、絶望に追いつかれない速さで』を観た。

自殺した親友の痕跡を追って、人生をさまよう主人公。作中のところどころで「絶望に追いつかれない速さで、走れってことなんじゃないか」というセリフが出てきた。

伊藤先生と菅野さんを中心とした大槌の教育復興への挑戦を見ていると、まさにこのセリフがぴったりと当てはまると感じる。彼らは遮二無二未来に向けて走っているように見える。止まっていたら絶望に飲み込まれそうなくらい、その傷や闇は深かっただろう。

岩手県大槌町は震災前、日本の地方が抱える課題が凝縮されているような場所だった。そんな地域が震災によって、さらに致命的な打撃を受けた。町並み、町民の尊い命、土地にひもづく多くの思い出を、津波と火災が根こそぎさらっていった。「絶望」なんて言葉では足りないのかもしれない。そんな過酷な状況に立たされたなかでも、伊藤先生たちは子どもたちの未来を最優先に考え、いち早く教育復興の舵取りを担った。

大槌全体が「学び続ける意識」を持つ

震災から９ヵ月目に、菅野さんらカタリバのチームは臨学舎をスタートさせた。町はまだまだ少しも立ち直っていない頃で、親子ともに「勉強なんてやってる場合じゃない！」となってもおかしくはない状況だったはずだ。それでも、子どもたちは会場となった公民館に続々とやってきた。

菅野さんは彼らの様子を「学びに、学びの場に飢えていた」という言葉で語った。うずたかく積まれた瓦礫があちこちに残る町は、夜になると真っ暗な闇に包まれる。そんななかでも、臨学舎の照明は、いつも遅くまで点いていた。その明るい光に、町民はどれだけ勇気づけられたろう。子どもたちの学びへの欲求は、どんな環境下でも消えない。少しくさい言い方だけど、それは本当に希望の光だったのだと思う。彼らは未来に向けて学びたがっていたのだ。

それからの伊藤・菅野の年の差40歳コンビの挑戦は、ここまで書いてきたとおりだ。大槌学園の着工、町の教育大綱と条例の制定、大槌高校の魅力化プロジェクト——すべては「ふるさとが学びをつくり、学びがふるさとをつくる」という地域に根ざした学びの循環が、絶えず人々を豊かにしていく町をつくるために。

菅野さんは興味深いことを言った。「自分には、とくに飛び抜けたスキルがあるわけではない。けれども振り返ってみると、学校運営も行政の仕事も、素人だったからやり抜けたのかもしれない」と。

たしかに菅野さんは、この間に手がけた塾の立ち上げ、教育専門官としての地域と学校の橋渡し、高校魅力化のプラン策定など、すべての分野で圧倒的な素人だった。素人だったからこそ、とにかく「ゼロから学びたい！」という想いが強かった。この地の子どもたちと同様に、彼も「学びに飢えていた」のだ。そして、菅野さんの学ぼうとする姿勢や意欲が、周りに次々と伝播していって、彼を取り巻く組織やコミュニティ全体が活性化されていった。

大槌の教育改革に携わる人たちは、とにかく「子どもの成長を願っていて、その笑顔を見たい」

という想いが強い。そこに菅野さんという活性を促す異分子が入り込んだことで突然変異が起きて、大槌全体が「学び続ける意識」を持ったひとつの生命体に変化していったのかもしれない――取材中に菅野さんの熱意に触れ、その熱を帯びたまま彼と町を歩いて、僕はそんなことを思った。

ここでは僕の思い入れの都合上、菅野さんと伊藤先生を語りの主軸にすえたが、大槌の教育改革は彼らだけで成し得たものではない。それは、役所の職員や先生方はもちろんのこと、多くの町民が主体的に参加したからこその成果だ。その主体性、チャレンジ精神の熱は、いまだ冷めやらず伝播し続けている。大槌では今、中・高生や地域の人らがこぞって役所を訪ね、「こんなことしてみたいんだけど」と、新しい取り組みのアイデアを提案してくるそうだ。

前へ！前へ！前へ！

「僕たちに、できることなんてあるのか」――初めて被災地に足を踏み入れたとき、菅野さんは想像を絶する状況に打ちのめされた。大災害を前に、人間ひとりの力はあまりに小さい。きっと同じことを、伊藤先生も感じたに違いない。昨日まで家々が立ち並んでいたそこに、瓦礫しか残っていない光景を目の当たりにして。

しかしふたりは、立ち止まらなかった。できないことに頭を抱えるより、できることに目を向けて前に進んだ。向いていた方向が一緒だったのだ。そんな彼らの歩みが交わったのは、きっと偶然ではない。ふたりは子どもたちの明日のために、アクセル全開ノーブレーキで今日まで走ってきた。

僕は大学時代の兄貴分だった菅野さんの、被災地での挑戦を見つめ続けてきた。早大在籍時から、たしかに魅力的な先輩だった。少し抜けているお茶目なキャラクターの彼は、いつもサークルの中心にいて、皆から愛された。菅野さんは、あの頃から少しも変わっていない。変わらないまま、たくさんの子どもたちの未来を明るく照らす、本当にかけがえのない人になった。歩みを止めない彼の後ろ姿は、僕に問い続けてくる。「お前には何ができるのか?」と。

等身大の菅野さんのチャレンジは、まだまだ続く。一線を退いた伊藤先生も、教育現場に携わり続けると宣言している。これからも走り続ける彼らに、僕は微力ながらも加勢していく。その勢いは今や、「絶望に追いつかれない」ではなく、「希望を追い越していく」ような速さだと思う。教育は変われる、もっとやれることがある。いま見えている希望の先にある、もっと大きな希望まで走っていけることを、彼らの後ろ姿が教えてくれる。置いていかれないよう、僕も前へ前へ前へと、初心を忘れずに走り続けたい。

学びnote

- 改革には「よそもの、わかもの、ばかもの」が必要。そのすべてに当てはまっていた菅野さんと、大ベテランの伊藤先生の強力コンビが教育復興のエンジンに。

- 町民全員を教育の当事者にする工夫。教育大綱の策定の議論に町民を巻き込み、その声を取り入れることで、彼らの意識変革を促した。

- ふるさと科にはじまる「大槌ならではの教育」への徹底的なこだわり。地域性を反映した教育カリキュラムの魅力化が、教育復興の礎石であり、地方の生き残り戦略にもなる。

- 伊藤先生の信念、「大人の都合で語るな！いつでも子ども目線に立て」

- 震災で多くを失った絶望を、「ゼロからつくり直す好機」と変換して、立ち止まらずに進み続けた力強さ。どんな状況下でも人間は希望を紡ぐことができる。

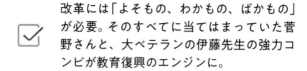

スタジオジブリプロデューサー・鈴木敏夫×税所篤快　対談
もしもジブリの名プロデューサーが先生になったら…？

鈴木敏夫さんと語る、2030年の才能の育て方、学びのゆくえ

鈴木さん、先生になるつもりだったんですか⁉

税所　実は僕、『鈴木敏夫のジブリ汗まみれ』（※TOKYO FMのラジオ番組）のヘビーリスナーで、ずっとお会いしたいと願っていたんです。今回、N高の取材をする際にリサーチしていたら、鈴木さんが理事に名を連ねていて「これはチャンスだ！」と、ほぼ個人的な思い入れで、今回の対談の依頼をさせていただきました（笑）。N高の理事紹介のページでは、「一番やりたかった商売は先生なんですよ」と語られていましたね。

鈴木　そうなんですよ！　実はね、大学生の頃は本気で先生になろうと思っていて、教職課程もほとんど取っていたんですよ。
税所　えっ、そうだったんですか!!　どうして先生になろうと？
鈴木　子どもが好きだったんですよね。当時、渋谷に子ども調査研究所という施設があって、大学生の僕はそこで勤めるかのごとくアルバイトをしていました。調査に協力してくれる子どもたちを引き連れて、近くの児童公園で毎日のように遊んでいた。時にはそのまま二子玉川の遊園地にまで連れていったりしてね。今そんなことやったら、誘拐犯扱いでしょ？（笑）
　そんな背景もあって、最初は小学校の先生がいいかなと思ったんだけど。調べたら「小学校は大変だ」と書かれていたからやめて（笑）、中学校の社会の先生になろうかなと考えてましたね。結局、ならなかったんですけど。
税所　それはなぜですか？
鈴木　単位も取り切って、あとは書類さえ提出すれば教職免許がもらえるってところで、親友の大島くんに言われたんですよ。「先生になりたいというのは、実人生から降りたいのか？」って。
税所　「実人生から降りる」？
鈴木　それを聞いて、僕はドキッとしたんですよね。「そういう意図があるんだろう？」と問われて、首を横には触れなかった。「楽しいからラクに仕事ができるはず」「休みも多いだろうな」と、不純な動機があったのは確かだなと。

すずき・としお
株式会社スタジオジブリ代表取締役プロデューサー。1948年名古屋市生まれ。慶應義塾大学卒業後、徳間書店入社。『アニメージュ』編集部を経て、84年『風の谷のナウシカ』を機に映画製作の世界へ。89年よりスタジオジブリ専従。著書に『仕事道楽　新版』（岩波書店）、『風に吹かれて』（中央公論新社）など。

当時の彼はおそらく、先生とは「自分のしたいこと」より「人のために何かをすること」を優先する仕事だと考えていたんでしょう。それが「自分の実人生を降りる」との表現につながったのかなと。僕の心の中にあったもんね、「実人生で、自分が人と戦うのは嫌だな」って感覚は。だから、その言葉にドキッとした。

実際は違うんですよ。先生たちだって自分の人生で闘っているし、けっしてラクな仕事じゃない。でも、その頃の自分は甘チャンで、その甘さを大島くんの一言で射貫かれたんです。それで先生になるのはやめて、なんやかんやあって今に至ります（笑）

税所　大島さんの一言がなかったら、先生として全然違う人生を歩んでいたかもしれませんね。そしたらジブリが生まれてなかったかも……！

母校で教壇に、「やっぱりプロデューサーより先生のほうが向いてたかも」

税所　鈴木さん、たしか10年ほど前に『課外授業 ようこそ先輩』（※ＮＨＫで放映されていた教養番組、２００７年に放送）に出演されてましたよね？

鈴木　そうそう！　あの話が来たときはすごくうれしくてね。母校の小学校に行って、６年生の子どもたちを相手に丸３日間かけて授業をやりましたが、とても楽しかった。

税所　授業の内容が「地図を書くこと」だったのが印象的でした。

鈴木　実を言うとね、企画段階では「プロデューサーとは何か？」というテーマで授業をしてくれと頼まれていたんです。でも、僕はそんなことに何の興味もないから、変えてくれとダダをこねた（笑）。僕の仕事の仕方なんて教えたってしょうがない。社会に出るための準備なんか、必要になってからでいいんですよ。子どもにやらせるもんじゃないんだ。

税所　なぜ、地図をテーマにされたんですか？

鈴木　どんな授業をしたらいいかと考えてみて、ふと、ある仮説を思いついたんですよ。「今の子たちは、自分の住んでいる街の地図が書けないんじゃないか」「一方で、映画を観て、その世界の地図を書くことはできるのでは？」とね。別に根拠はなかったんだけど。

実際にやってみたら、本当にそうなったんですよ。これはどういうことなのか。要するに、虚構の中に現実を見ている。その反面、本当の現実への認識がぼやけているんでしょうね。

たしかに、最近の街は同じような建物がたくさん立ち並んでいて、なかなか目印にできるものがなかったりする。ただ、本当は一つひとつ特徴的ではある。興味を持って観察していないから、みんな同じに見えるんですよ。「地図を書く」「誰かにその地図で道を伝える」という目的を持って、街を見て回らせた後にもう一度書かせたら、うんとよく書けるようになりました。

税所　興味や関心さえ持てれば、子どもたちは自分の頭で考えて、びっくりするような工夫や表現をしますよね。

鈴木　僕ね、いまだに覚えてるんだけど、最後に「授業はどうだった？」と感想を聞いたら、ある男の子が「久しぶりに頭を使った！」って言ったんだよ。普段の授業で頭を使っていないことが証明されてしまった（笑）。いやあ、正直ですばらしい感性だなと思ったね。

税所　「プロデューサーってどんな仕事だと思う？」という質問に、「お金もうけ」と答えた子もいましたね（笑）

鈴木　あれも鋭い指摘だったな。子どもたちは、本質をちゃんと捉えますよ。あの授業は、みんな本当に楽しそうだったし、僕も仕事以上に生き生きとしていた。やっぱりプロデューサーよりも、先生のほうが向いていたのかなと思っちゃったね（笑）

鈴木流・才能の育て方の極意――「できることを任せる」

税所　今のお話をうかがっていて、鈴木さんは「教える」というより「育てる」が好きなんだろうなと感じました。仕事の現場でも、愛弟子である石井朋彦さんをはじめ、たくさんの方々の才能を引き出し、開花させていますよね。

鈴木　正直に言うとね、人を育てようだなんて、そんなに考えていないんですよ。結果としてそうなっているってだけ。昔からずっと、そういう立場だったんです。よそで見放された人たちが、なぜか僕のところに集まってくる。子どもの頃もね。

税所　子どもの頃も、ですか？

鈴木　小学校時代、クラスが2つのグループに分かれていて。僕はみんなに祭り上げられて、片一方の大将になっていた。こっちのグループに集まってくるのは、僕とだいたい似たような感じで、貧乏だし勉強のできない子ばかりでね（笑）。リーダーとして、彼らに自信を持たせることが、僕の役割になっていたの。

税所　それは、どんなふうに？

鈴木　当時はしょっちゅう、チャンバラごっこをやってたんだけど、僕はその遊びに使う道具をつくるのが得意だった。実家が製造業だったから、いろいろ材料はあってね。反物を巻く段ボールの芯に、タバコをくるむ銀紙を貼りつけて、日本刀のレプリカを何十振りもこさえたりしてね。

そういう道具のつくり方を、グループの皆に教えるんです。すると、それぞれの得意なことがわかってくる。アイツは金属加工が上手だとか、君は仕上げの細かい作業が好きなんだな、とかね。勉強ができない子たちも、上手なことや好きなことをやらせると、本当に生き生きとするし、僕よりずっといいものをつくるんですよ。

税所　適材適所に、各々が力を発揮できるポジションを見出していったんですね。

鈴木　誰にでも得意なことがある。その一点において、僕は勝てないわけ。人間、オールマイティにはなれないですから。「この程度で得意なんて言えない」と謙遜する人もいますけど、あくまで僕は、自分との比較でそう言っているだけ。僕がやるよりあなたがやったほうが絶対に質は上がるし、担ってくれたら僕が助かる。そういう単純な理屈なんです。

税所 自分よりうまくできそうなことを人に任せたら、その人は自ずと成長していくと。

鈴木 そうです。仕事では相手がどんな人であれ、「何ができるのか」だけを見ます。幸い、人に関しては好き嫌いがないんですよ。できることがあれば、誰にでもどんどん任せていく。できることが伸びていけば、自信もついて、見える景色が広がっていくからね。

子育てはもっと「みんなで」「ほったらかす」べき

税所 できることを粛々と積み重ねていく……その言葉は、肝に銘じておきたいなと思いました。私事なんですが、昨年子どもが産まれて、1年間の育児休業をもらったんです。その間に同世代の仲間たちが社会で活躍しているのを見て、不安になったり、焦ったりしていたんです。やるべきことは子育てなのに、外の世界に目移りしてしまって。

鈴木 男は情けない生き物ですよ（笑）。正確な知識ではないけど、日本の歴史はずっと、女性が元気に働いて支えてきてますから。近代になるまで、専業主婦なんてほとんどいなかった。人口の多くが農家で、お母さんたちは家事をしながら、がっつり畑仕事もしていたわけで。子どもの面倒だって、村のみんなで協力して見ていたでしょ。

税所 今回の本でお話を聞いた、杉並区教育委員会教育長の井出さんも「学校は船、地域は海だ。地域が豊かじゃないと、学校は沈んでしまう」とおっしゃっていました。杉並区も大空小も大槌も、

「子どもたちを地域みんなで育てていこう」という学校づくりをしています。「地域の協力」は、これからの子育てや教育を考えるうえで、ひとつのキーワードだなと感じていました。

鈴木　長い歴史の中で、子育ては共同体が協力して担ってきたこと。本来的に、母親一人でできるものじゃないんだろうね。それで言うと、僕には孫がいるんですけどね、うちの娘がおもしろい育て方をしてるんです。

税所　それはどういう？

鈴木　生まれたときに、30人くらいのベビーシッターを用意していたんです（笑）

税所　30人も⁉

鈴木　ぜんぶ本業の人じゃなくてね、協力してくれる友だちも含めて30人くらい。娘は子どもを産んだ2週間後には職場復帰して、働いている間の子どもの面倒は、彼らが代わりばんこに見てくれたんですよ。

税所　なるほど、それだけ頼れる人を前もって見つけておけば、安心して仕事と子育てを両立させられそうですね。

鈴木　うちの場合は子育てやらなさすぎだと思うけど（笑）。ただ、見ているとやりようだなと感じますよ。孫はすくすく育っています。いろんな大人の価値観に触れているからか、言葉が達者でね、頼もしい限りです。かわいいからって、過保護にしすぎるのはよくない。何でもお膳立てしてあげていたら、自分で考えなくなっちゃうから。

税所　大空小の木村先生も「教室を無菌室にしてはいけない」とおっしゃっていて、そうだよなと思いました。問題が起こらない空間なんて、イレギュラーなんですよね。社会に出たら、いろんな人がいて、いろんな問題が起きるわけで。大事なのは、問題が起きないことではなくて、何か起きたときに、周りの人たちとどう助け合うかなんだよな、と。

鈴木　そういう経験こそ、人生の勉強になるんですよ。僕が小学生の頃にね、クラスに転校してきた男の子が、なかなか学校に来ないってことがあって。来たときに理由を尋ねると、「親の稼ぎが少ないから、自分がたくさん新聞配達をして、家族の面倒を見なければならない」と言った。それを聞いて、子どもたちだけで話し合って、その子が学校に来れるように皆で手伝おうと決まったんです。自分たちで考えて、自然とそういう結論に至った。

税所　へえ……なんだかドラマみたいなエピソードですね。

鈴木　僕らの頃はまだ、子育ては〝ほったらかし〟の時代でしたね。大事にされた覚えはないですよ（笑）。でも、それがよかった。自分で自分のこと、自分たちのことを考えるようになるから。

税所　そうですね。最低限の安全はみんなで守りながら、子どもが自分で考え、自分で学んでいけるような子育てをしていきたいなと、お話を聞きながら思いました。

鈴木さんが子どもたちに学ばせたいこと

税所　今回の本は「2030年の学校をつくる」というテーマで、取材を重ねてきました。鈴木さんは、これからの教育には、どんなことが必要だと思われますか？

鈴木　「自分の頭を使って考えること」こそ、生きていくうえで最も大切な知恵です。その基礎をつくるのに必要なのが「読み書きそろばん」です。書いてあるものを読んで、理解する力。理解したことを、文章にする力。それと、算数ですね。学校で子どもたちに伝えるべきことは、この3つでいいと僕は思っています。

最近は若い人たちと仕事をする機会が多くて、その才能の豊かさには本当に感心しています。けれども一方で、みんな「読み書きそろばん」が弱いなとも感じていて。とくに「読み」の部分ですね。自分の主観を排して、物事を正しく客観的に理解すること。そういう基本的な思考の習練を疎かにしていると、経験値が積み上がっていかない気がするんですよね。

税所　「読み書きそろばん」と聞くと、江戸時代の寺子屋を思い出します。

鈴木　まさにそうだよ。寺子屋で一番大事な教材だった「論語」は、1つの事象について、必ず2つの側面から書いている。それを丹念に読み込むことで、物事を客観的に把握する力を養っていたんです。

歴史を通して見ると、おもしろいですよね。明治時代になって、教育制度がガラッと変わるわけじゃないですか。寺子屋で勉強した子たちが、幕府を制して新しい国をつくった。一方、新しい教育制度で勉強した子たちが、太平洋戦争で負けた。正確にものごとを把握する力が、明治の新しい教育では育たなかったのではないか……学者でも先生でもないのに、こんなこと言うとエラそうだな（笑）。でも、僕は勝手にそう思っているんですよ。

税所 鈴木さんが今から先生になるとしたら、客観的に物事を把握する思考力をつけるために、どんな授業をやると思いますか？

鈴木 フランスの学校では映画を鑑賞する授業があって、観た後に感想ではなくて「何が描かれていたか」を聞くそうです。僕もそれを徹底的にやりたいですね。誰かがある解釈を述べて、それについて「ちょっと違うよ」「あそこでこういうシーンがあったじゃん」と議論をする。そのやり取りの中で、読解力が育っていくんです。

自分が見たもの、読んだものを、正確に言葉に置き換える。これこそ読み書きの基本ですよ。1日1本は映画を見せたいし、いろんな本も読ませたいですね。僕もたくさんの本に育ててもらいましたから。ちょっとむずかしい本に触れるのがいいです。いろいろと種類はあるけど、すぐれた文章は得てして複雑なものです。

税所 実は最近になって、渡辺京二さんや堀田善衛《ほったよしえ》さんの本を読み始めたのですが、むずかしくて苦戦しています（笑）。けれども、簡単な文章では出てこない奥行きというか、簡単にしすぎたらこぼれ落ちてしまう何かが描かれているなと、ひしと感じるんです。

鈴木　言い過ぎかもしれないけど、簡単な文章はね、ほとんどがごまかしなんですよ。人間も世界も複雑なんだから、そう簡単に書き表せるもんじゃない。でも、だからこそそれを読み解くこと、表現することはおもしろいんです。そういう意味で言うと、先生の最も大事な役割は、学ぶことの快楽を伝えることかもしれないね。強要されたら、みんな勉強しないでしょ（笑）。楽しさに気づけたら、後はほったらかしておいても、子どもたちはどんどん自分で学んでいきますよ。

税所　そうですね、学ぶことは本当に楽しい！　僕も自分の子どもや、これから出会う人たちみんなに、いろんなかたちで学ぶ楽しさを伝え続けていきたいなと思います。今日はお話を聞かせていただき、本当にありがとうございました！

未来の学校のつくりかた

「2030年の学校」のあるべき姿とは？

町づくり は 人づくり になり 教育づくり となる

おわりに
——大人も子どもも関係なく学び続け、新しい世界をつくり続ける学び舎をつくるために

5年かけて、日本を駆け巡る取材が終わりました。各地の教育現場で真剣に子どもたちと向き合う人たちと出会い、対話を重ねてきました。僕の胸の内には今、「後ろめたさ」があります。それは、この本を出版することへの後ろめたさです。

「こんなにも本気で挑戦している人たちの物語を、僕のような中途半端な、現場にコミットしていない人間が本にまとめることが許されるのか……」

そう感じるほど、取材したみなさんの本気度には圧倒されてしまいました。僕は木村先生のように、みんなの学校をつくれない。井出さんのように、地域の教育行政を率いることもできない。N高のような新しい技術とアイデアを結集させることもできない。長岡さんのように借金をして学校を立ち上げることもできない。菅野さんのように大槌でコツコツ信頼を積み上げていくこともできないし、伊藤教育長のような覚悟もない。だから、この本を出版するかどうか、最後まで悩みました。

それでもこの本を世に出すことを決めたのは、僕自身が彼らに影響を受けて、大きく変化したからです。この本を書く旅が始まる前、僕にとって学校は「すでにあるもの」であり、そのつくり手は先生たちだという思い込みがありました。しかし、取材で会うリーダーたちは皆そろって「学校はあるものではなく、

つくるものだ。教員だけでなく、子ども、親、地域の人たちみんなでつくりあげていくものだ」と語っていました。話を聞くうちに彼らの「熱」が伝播し、僕の凝り固まった固定観念は少しずつ溶けていきました。

思えばこの本を書き始めた5年前、僕は教育系の社会起業家として挫折し、自分を立て直すために入社した会社での毎日も楽しくなくて、途方に暮れていました。チヤホヤされていた頃の感覚を引きずり続け、評価されない、注目されないことに苦しんでいました。そんなときに大空の木村先生に出会い、こう言われたんです。

「あっちゃん、最近学んでる？　一日一日のなかで、発見や気づきはありますか？」

くよくよ悩んでいた僕に、この言葉は刺さりました。「俺はバングラデシュで奇跡を起こした税所篤快だぞ！　なんでこんなつまらない仕事をやらなければいけないんだ⁉」と口にこそ出さないけど、きっと態度に出ていた当時の僕は「日々、学ぶことを放棄」していました。「社会起業家として何か事業をしている税所篤快でないと、この世界に存在する価値はない」とまで思っていました。

でも振り返ってみれば、バングラデシュに初めて渡ったときは「グラミン銀行で何が起こっているのか知りたい！」という好奇心があっただけでした。それが、ひょんなことから立ち上げた教育事業が成果を上げたばかりに、調子に乗って「俺はすごい！」と勘違いしてしまっていました。

「賞賛は最大の罠。初心に帰れよ。ばかものよ」

「あの頃の世界への好奇心と、軽やかな足取りを思い出せ」

木村先生たちとの出会いをきっかけに、もらった言葉を反芻しながら自分と対話するなかで、僕の心持ちは変化しました。プライドをできるだけ捨てて、素直に世界を見て、学び、働くことにしました。見栄のメガネを外して見る世界は、日々楽しい学びで満ちていました。僕の世界観はぐっと更新され、今は以前ほど焦る気持ちがなくなり、一方でこれからやるべきことが少しずつクリアになってきた気がします。

僕が旅の過程で身につけた最も大きな力は、「常に素直に学び続けること」です。これは、この本に登場するリーダーたち皆が共通して「大事だ」と強調していたメッセージでもありました。

僕を取り巻く環境も、この5年間で大きく変化しています。26歳だった僕は31歳になり、結婚し、息子が生まれ、親になりました。息子はいま2歳になり、この本で探求し続けた学校に通い始めるまで、あと4年です。息子と銭湯に行ったときに出会う小学生や、保育園送迎ですれ違う中学生、電車で隣に座った高校生などを、今まで以上に観察してしまう自分がいます。そして、深く考えるのです。息子はこれからどんな学び舎で学び、どんな先生に出会い、どんな友人たちと遊ぶのか。自分はひとりの親として、社会人として、その学びとどのようにかかわれるのだろう、と。

日本各地の教育リーダーたちの「熱」に伝染した僕は今、「これからの教育や学校に対して、自分にできることをやっていきたい」とワクワクしています。そんな「熱」を皆さんにも伝えたくて、感じてほしくて、少々の後ろめたさとともに、この本を出版しようと決意しました。子どもがいてもいなくても、教育は誰にとっても、けっして他人事ではありません。「他人事ではない」と実感できた瞬間から、新たな学びの世界が拓けます。

5つの学び舎には共通点がいくつもありました。たとえば、常に子どもにとって何が最善なのかを考えている人たちの存在です。年齢は関係なく、子どもも大人も関係なく学び続けていること。杉並区の井出さん、大槌の伊藤さんは70歳近くの大ベテランですが、僕のような若造の話も公平に聞いて、とことん議論につき合ってくれます。学ぶ姿勢を絶やさない大人は、カッコいいんです。きっと年齢なんて関係なく、常に地に足をつけて、学び続けられる人たちの意志が、学校のなかで「学びの循環」を生む原動力になっているのだと思います。

「大人も子どもも関係なく学び続け、新しい世界をつくり続ける学び舎」

『未来の学校のつくりかた』などと大言壮語のタイトルを掲げた本書ですが、たどり着いた答えはとてもシンプルで、とても大切な言葉でした。

社会起業家だった頃の無二の戦友であるマヒンは、バングラデシュで教育系の会社を設立する際、社名を「Backborne《バックボーン》」と名づけました。彼は、教育はその国を支える〝背骨〟であるという思いを込めたのです。僕は、この本に登場する人々と、学校現場の一つひとつこそが、この国の未来を支える〝背骨〟だと感じています。

現状の学校現場をつぶさに見れば、出てくるのは明るい話ばかりではありません。取材をした大ベテランの方々も、けっして楽観できない日本の教育の現実を語っていました。しかしながら、僕たちに絶望している暇はありません。時間も、子どもたちの成長も、待ってはくれないから。だから小さく小さく、できることを皆でやっていきましょう。そうやって教育を自分事にして、子どもたちやご近所さんたちと一緒に、皆で学んでいきましょう。

２０３０年の学校は、子どもも大人も皆が一緒に学び合い、新しい世界をつくり続けている――そんな未来をつくるために、僕も自分の住む町の学びの循環に貢献しながら、今後ともさまざまなやり方で、皆さんに熱と学びを手渡し続けていきます。

最後に、快く取材に応じてくれた大先輩たちに、あらためてお礼を伝えさせてください。大空小学校の木村泰子さん、塚根洋子さん。杉並の井出隆安さん。N校の夏野剛さん、上木原孝伸さん。サムライ学園の長岡秀貴さん、平形有子さん。大槌の伊藤正治さん、菅野祐太さん。名前をあげきれないけれど、取材のなかで出会ったすべての方々。みなさんの教育に賭ける想い、そこから湧き立つ希望を、この本によって次の世代につなげることができたら、著者としてこれ以上の喜びはありません。

5年間にわたり一緒に取材の旅をしてくれたライターの西山武志と岡本編集長、この「トリオ」でなければこの本を完成することはできなかったと思います。ありがとう。素敵な表紙を描きあげてくれたイラストレーターの白井匠さん、デザインを担当してくれた長沼直子さんにも感謝。そして、僕の執筆活動をいつも支えてくれる妻の裕香子。本当にありがとう。

息子たちと、これからの世界を担うすべての子どもたちに、この本を捧げます。

2020年2月29日

税所篤快

［著者紹介］

税所篤快 さいしょ・あつよし　国際教育支援NPO e-Education 創業者

1989年生まれ、東京都足立区出身。早稲田大学教育学部卒業、英ロンドン大学教育研究所（IOE）準修士。19歳で失恋と１冊の本をきっかけにバングラデシュへ。同国初の映像教育である e-Education プロジェクトを立ち上げ、最貧の村から国内最高峰ダッカ大学に10年連続で合格者を輩出する。同モデルは米国・世界銀行のイノベーション・コンペティションで最優秀賞を受賞。五大陸ドラゴン桜を掲げ、14ヵ国で活動。未承認国家ソマリランドでは過激派青年の暗殺予告を受け、ロンドンへ亡命。現在、リクルートマーケティングパートナーズに勤務、スタディサプリに参画。同社では珍しい１年間の育児休業を取得した。著書に『前へ！前へ！前へ！』（木楽舎）、『「最高の授業」を世界の果てまで届けよう』（飛鳥新社）、『突破力と無力』（日経 BP）など多数。

税所篤快 Twitter　@AtsuyoshiGCC

［編集協力］

西山武志 にしやま・たけし

1988年生まれ。早稲田大学文化構想学部在学中からライター業をはじめ、卒業後そのままフリーランスに。2015年に『若者が社会を動かすために』（税所篤快著・ベスト新書）の編集協力を務めて以降、税所氏の執筆活動に継続的に伴走。

未来の学校のつくりかた

――僕が５つの教育現場を訪ねて考えたこと

2020年６月１日　初版第１刷発行
2020年８月１日　初版第２刷発行
2020年10月１日　初版第３刷発行

著　者………………税所篤快
発行者………………福山孝弘
編集担当……………岡本淳之
発行所………………株式会社教育開発研究所
〒113-0033　東京都文京区本郷2-15-13
TEL：03-3815-7041　FAX：03-3816-2488
URL：https://www.kyouiku-kaihatu.co.jp/
装幀デザイン……………長沼直子
カバー・本文イラスト…白井匠（白井図画室）
デザイン＆ＤＴＰ………shi to fu design
印刷所……………………株式会社光邦

Printed in Japan　　ISBN 978-4-86560-523-5